管　理

——贵在人心

单天佶◎著

SPM 南方传媒
广东人民出版社
·广州·

图书在版编目（CIP）数据

管理 ：贵在人心 / 单天佶著. -- 广州 ：广东人民出版社，2024. 8. -- ISBN 978-7-218-18016-8

Ⅰ. C93-49

中国国家版本馆 CIP 数据核字第 2024SD1826 号

GUANLI : GUI ZAI RENXIN

管理：贵在人心

单天佶 著

出 版 人：肖风华

责任编辑：马妮璐
责任技编：吴彦斌
封面设计：李舒园

出版发行：广东人民出版社
地　　址：广州市越秀区大沙头四马路 10 号（邮政编码：510199）
电　　话：（020）85716809（总编室）
传　　真：（020）83289585
网　　址：http://www.gdpph.com
印　　刷：天津海德伟业印务有限公司
开　　本：620mm×910mm　1/16
印　　张：12　　字　　数：170 千
版　　次：2024 年 8 月第 1 版
印　　次：2024 年 8 月第 1 次印刷
定　　价：59.00 元

如发现印装质量问题，影响阅读，请与出版社（020-85716849）联系调换。
售书热线：（020）87716172

前言 PREFACE

管理一词对于大多数人来说恐怕并不陌生，因为大多数人每天都在接触管理或被管理的影响。管理无处不在，可以说不是管理者就是被管理者。同样，每一件事物及事物的发展都与管理有着千丝万缕的联系。

管理，是一门艺术，也是人类提高自身魅力的永恒课题。人们通常都会有这样的疑问，什么样的管理才能算作好管理？答案仁者见仁，智者见智。

那么，做好管理难吗？管理并不难，难的是改变平常看待问题的习惯心态和眼光。

随着以高效率、高速度运行为主的社会的深度发展，任何企业在日趋激烈的市场竞争中都想寻找到出奇制胜的管理策略；任何创业者及决策者都想在探索中提升出企业管理的最佳方法。因为市场经济要求他们这样，也只有这样做才能不被市场所淘汰，才能永立不败之地。而获取和掌握系统的管理知识，应用系统的管理战略和具体策略就势在必行，迫在眉睫。

正是基于以上原因，我们编写了《管理——贵在人心》一书。它从古今中外企业的管理基石：人才、领导、策略和方法入手，介绍了识人、沟通、倾听、洞察、定位、领导力、激励、授权、权威、培训创新等方面的重要话题。以精妙的故事，通俗易懂地给读者讲述了种种管理智慧、管理原则和管理方法及管理系统。在表现手法上力求言简意赅，意味深长，以期为读者，尤其是管理者提供学习和借鉴，找到适合自己的方法，为和谐社会与和谐劳动关系提供助力。

《管理——贵在人心》一书力戒传统管理类书的沉重、繁杂与重叠，而是让读者在轻松阅读欣赏通俗易懂的故事中学习管理，完全是顺理成章、水到渠成。而且为了便于了解管理故事的真正内涵，作者对案例还进行了点评，给读者一目了然的感受。

所以真诚地希望读者朋友们能认真阅读，相信会在轻松幽默的心境下有所获益，定会有“我也是管理大师了，原来管理这么简单”的豁然开朗之感。

开卷有益，相信每一位阅读者都能读有所获。本书在编写过程中借鉴和参考了一些文献和作品，从中得到了不少启悟，也汲取了其中的智慧精华，谨向各位专家、学者表示崇高的敬意！

由于编写和出版时间仓促，以及编者水平所限，书中不足之处在所难免，诚请广大读者指正。

目/录 CONTENTS

第七章　授权与尊重：让员工更优秀

第八章　权威：让下属自觉服从命令

第九章　培训：对下属培养很重要

第一章

识人：学会辨识人才

唐宋八大家之一的韩愈说：“世有伯乐，然后才有千里马。”在工作中，管理者就是伯乐。但如何从下属中去发现千里马，培养千里马，就需要管理者慧眼识珠，以德为先，用诚意求才，不拘一格使用人才。

中正平和最为可贵

考察下属的心性品质，必须先考察他是否具有冲淡平和的修养素质，再考察他的聪明才智到底如何。

人的素质以中正平和最为可贵。中正平和就是平淡无味，这样才能依照事物的客观规律来变化。中正平和的人，一般质素冲淡平和、内智外明、盘劲骨强、声清色悦、仪正容直。聪明是阴阳两气协调结合的精华之气，阴阳清纯中和则人就内心睿智、外表明达。圣人往往内怀淳朴、外现睿智，兼有中和与睿智两种美德，既能细致入微，又能达观显扬。

喜怒哀乐存在心里不表现出来，叫作“中”；表现出来分寸适度，叫作“和”。“中和”的表现就是平淡无味，它是万物的至理、天下的大道。白水平淡无味，因此能调和包含百味；头脑清醒若空空无物，因此能容纳新的观点、听取正确的意见。具有“中和”品质的人，心性平和冲淡，为人处事稳重沉浑、不声不响，同时又让人信赖，有王者风范而无霸气。具备这样品质的人就是优秀的人才。

在日常生活中，聪明有才的人很多，中和平淡的人却很少。“中和”之人并非没有个性，而是因为能充分把握一个度——什么时候顺情理，什么时候顺事理，该理智时理智，该动情时动情，而且发自真情，因而显得随和淡远，为众人所接受，也因此能得到众人之助。

接下来，让我们看看聪明的人应具有的特质。聪明的人大致可分为两种：聪明外向和沉静内秀。

聪明外向的人办事干脆利落、迅速果断，手段娴熟老练，绝不拖泥带水；缺点是较少进行深入细致周密的思考，凭直觉、经历和性情办事的成分稍重，总的来说勇多于谋，深思熟虑较少。这样办事，难免有顾及不到之处，也有可能忽略了某些轻微细节而埋下隐患。

沉思内秀的人长于思考，谋划兼顾方方面面，给人行事细密、周全的感觉，做事不像聪明外向的人那样轰轰烈烈，但能按部就班地把事情推到胜利的台面上；缺点是机敏果断不足，缺乏雷厉风行的作风，身手不够敏捷，可能因过于求稳而丧失机会。

两种人都有勇于进取的能力，前者以勇敢闻名，后者以稳重著称。做事风格虽不尽相同，但都是独当一面、办事稳妥的将才。但他们的气度终不如“中和”之人博大，因此仅能成为辅佐之才，而难成大事。

管理者在识人时不能因为不喜欢他们的直爽或谨慎，而随便否定他们的优点。但是，这种现象在实际生活中还带有一定的普遍性，这告诫人们绝对不可掉以轻心而混淆别人的优缺点。

识别未显露的遗才

不遇到困难，就看不出一个人的心迹；不面对金钱的诱惑，就无法看清义士的节操。唯有沧海横流，方显英雄本色。如果没有一双慧眼，就无法识英雄于草莽之中。

要想知道下级有何种才能，就要从生活细微中观察他的各方面才能，然后再根据实际情况加以任用。接下来的小故事或能给管理者一些启示。

1．危时显本色

东晋的谢安，先前隐居不仕；出山之后，他处世平和，每临大事都很稳健。淝水之战时，他指挥若定，当捷报传来，他仍双眼盯在棋盘上，一副成竹在胸、波澜不惊的风度。

有一次，孝武帝下令谢安和王坦之到新亭去迎接大司马桓温。当时首都流言四起，谣传大司马桓温一来，就要杀王坦之和谢安。因此，王坦之非常害怕，谢安却一如平常，神色安详。

桓温到后，文武百官都跪倒向大司马致意。王坦之吓得浑身是汗，衣服都浸湿了，上朝的笏板也拿颠倒了。而谢安则态度从容，坐在自己的位子上，对桓温说："我听说诸侯的责任就是把守国家的边疆，您何必在屏风后面布置那么多的士兵呢？"桓温笑说："这也是不得已才这么做的。"于是命令士兵全部退了出去。桓温与谢安共商国家大计，谈得十分投机。

2．授人以权，观其公正

明朝王翱任吏部尚书，掌握选拔官员的人事大权。他为人廉洁、忠厚，能坚持原则，办事不徇私，谢绝私事会见。他每次选拔官员时，如果碰巧皇帝召见，便交副职代理，他回来即使再晚，也抽空认真审阅，唯恐选择不当。女婿贾杰在京附近任职，回家对妻子发牢骚说："若翁典铨，移我官京师，反手尔，何来惮烦也。"王翱夫人听了女儿的诉说，便向他求情，把女婿调回京师。王翱生性秉直，气得以手推台案，伤及夫人脸部。他女婿最终没能调回京师。

3．忠义诚实者可大用

自古以来，诚实是做人的第一美德。春秋时晏子出使楚国，楚国人站在城楼上说："晏子原来是个小矮子呀！"晏子听见了大声说："是呀，晏子是个小矮子。"晏子继续往前走，楚国人又说："晏子原来长得丑啊！"晏子听见又大声说："是呀，晏子长得丑。"

这时有人大声反驳说："晏子是齐国的贤臣啊！他多次挽救了齐国。"晏子听见了也大声说："是呀，我是齐国的贤臣啊！"

国君知道了这个故事以后评价到，能够正视自己的缺点，又不避讳自己优点的人，自古以来，晏子是第一人。于是他更加重用晏子。

这个故事告诉我们，诚实是一个人在世上立足的根本，离开了这个基本点，人生就会偏离它固有的轨道。对于识别下属来说更需要如此。

4．识人于用，可以知才能

凡是谋大事、创大业的人，大都很注意发掘和使用人才，如刘备之用诸葛亮，刘邦之用萧何，秦始皇之用商鞅、李斯，等等。用人的方法是：必须发掘对方的优点，容忍他的缺点，使人有被重视的感觉。以这种方法接近对方，逐渐喜欢他，然后活用他的长处。

美国钢铁大王卡耐基曾说："如果我能看到部属的长处，敢于使用比我强的人，不就证明我比谁都强、我是强者的有效管理者吗？"一名管理者、一名优秀的管理人员，一定要做真正的"伯乐"，既不能任人唯亲，重用歪才；也决不能苛求全才，而对在某些方面有缺点或弱点的人弃之不用。

5．识破人的面具

古时候，东晋车胤因家贫，晚上不能秉烛读书，他便收集了萤火虫夜读时照亮。他这种刻苦好学的精神被人们传为佳话。后来也有一个读书人学着车胤的做法，在邻里乡亲里得到了赞扬。有一个本乡人很敬仰他的行为，一天清早就去拜访他，但他的家人说他出去了。这位本乡人感到奇怪，问道：

"为什么深夜囊萤读书，而清晨却到别处去呢？"读书人的家人说："没有别的原因，他是为捉萤火虫外出的，傍晚就回来了。"本乡人这才明白，原来大家所仰慕的是这种所谓的"囊萤夜读"的虚名。假使这个读书人白天闭门读书，也许也没人去拜访他。

这个故事中的读书人为了获得"囊萤夜读"的好名声，不惜将白天的大好时光用来外出捉萤火虫，真是虚荣得过分。他如此地"刻苦"读书，其效果是可想而知的，而当人们明白了真相之后，又该怎样嘲笑他呢？

人们往往在做一件事情时，埋头踏实地苦干而别人并不知晓；大肆张扬炫耀，总会博得一些赞扬。但如果为图虚名而减损了实际的效果，最后就要由于名不副实而落下笑柄，所以对于一位领导来说，在下级毫无防备的情况下，探其是否诚实是识别人才一种行之有效的办法。

6. 识人于诚

在一次求职人员的面试过程中，小李刚刚走进面试的房间，主持人就突然迎上来紧紧握住小李的双手："啊，终于找到你了，我的划船技术太差，使女儿掉到湖中，要不是你及时搭救，后果不堪设想。真抱歉，当时我只顾女儿，竟没有向你道谢。"小李竭力抑制住心跳，坚持说主持人认错了人。几天后，小李接到了录用通知。后来他才知道，主持人根本没有女儿，但却有7个竞争者因这个小测试被淘汰了。主持人用这样的方法考验别人也许太"狡猾"了，但小李的诚实却因此显得更为可贵。

7. 识人于淡

平淡是一种修养的境界。立身淳厚而不成于浅薄，外表朴实而不崇尚虚华，抛弃浮华而选择平淡是管理者做人的准则。

三国时期，周瑜是吴国的三军统帅，他的外表潇洒而又朴实。程普曾评价：“与周瑜在一起交谈，就像饮醇酒一样，不知不觉就醉了。”君子表面上看起来朴素平淡，不修饰不华丽，不以鲜艳浓丽吸引人，但其含蓄内敛却给人淡如菊之感。从平淡处识清秀，是一种思想上的别具慧眼，是有内涵的一种标志。

8. 识人于策

北魏世祖拓跋焘将征伐凉州，很多大臣都认为凉州无水草，难于行军，进谏不同意征战，伊馛说：“若凉州无水草，何得为国？议者不可用也。”拓跋焘认为他说得对。凡人所居之处，必有水草，没有水草，人何以活，也就无人居了。既然凉州能建国，必然有水草，这是一般常理。诸臣认为无水草，只是听传闻，人言亦言，因而盲目反对，可见他们的智力远不及伊馛。伊馛既有武勇，又有智计，是一位文武全才的将领，拓跋焘认为他前途远大。后来，伊馛果然为人忠谨，屡建战功，以功赐爵魏安侯，加冠将军之职。

发现有潜质的人才

日行千里的良马，如果没有善于驾驭它的马夫，就会被牵去与驴骡一同拉车；价值千金的玉璧，如果没有善于鉴别的玉工，就会被混同于荒山乱石之中；人才如果不受他人赏识，就会被埋没……这充分说明识别人才至关重要。

唐朝诗人杨巨源在《城东早春》中写道：“诗家清景在新春，绿柳才黄半未匀。若待上林花似锦，出门俱是看花人。”这首诗的意思在于表达了诗人对早春时节清新宜人景色的钟爱。此时，嫩绿的柳枝之上，初现数颗嫩黄的柳芽，宛如点点繁星点缀在枝头。待到长安城中百花争艳、繁花似锦之时，满城就都是赏花游玩、欢声笑语之人。也就是说，赏花要在花苞刚开始绽放之时，若等到繁花似锦，那么赏花之人就太多了。这首诗启示人们：识才，当看那些才华微露还未大放异彩之人，及早发现有潜质的人才，若等到他才华大显再去求贤，此时就失去最佳时机了。

据《廉颇蔺相如列传》记载：向赵惠文王推荐蔺相如的是赵宦者令缪贤。为了使赵王能够重用蔺相如，缪贤公开了一件隐私："我曾经犯过罪，私下商议想逃到燕国去。我的门客蔺相如阻止说：'你怎么结识燕王的呢？'我就告诉他，我曾经跟随大王与燕王在边境上相会，燕王私下握住我的手，对我说：'很愿意跟你交个朋友。'因此我想去投奔他。蔺相如劝我说：'当时赵国强大而燕国弱小，你又被赵王宠幸，燕王要巴结赵王，所以想同你结交。现在的情况是你要从赵国逃走投奔燕国，燕国惧怕赵国，必定不敢收留你，说不定还会把你捆绑起来送回原籍。你不如赤身伏在腰斩的刑具上向大王请罪，则侥幸可能免罪。'我听从了他的话，幸亏大王也赦了我的罪。因此我认为他是个有勇有谋的人。"赵惠文王听了觉得有道理，于是召见蔺相如，随后演出了千古传为佳话的"完璧归赵"的故事。缪贤这种勇当伯乐、举荐"千里马"的做法，是值得后人仿效的。

朱元璋，明朝的开国皇帝，他在起义初期就意识到了刘伯温的非凡才能。刘伯温不仅精通兵法，能够在战场上出奇制胜，还精通天文、地理等各种知识，这使得他成为朱元璋的得力助手。在朱元璋与元朝残余势力和其他起义军的战斗中，刘伯温屡次出谋划策，使得朱元璋能够化险为夷，最终取得了胜利。

明朝建立后，刘伯温的作用并没有因此而减弱，反而更加重要。他帮助朱元璋制定了许多治国方略，为明朝的繁荣稳定奠定了坚实的基础。同时，刘伯温还参与了法律法规的制定，使得明朝的法律制度更加完善，为百姓的生活提供了更好的保障。

朱元璋对刘伯温的信任和重用，无疑展现了他对有潜质人才的重视和提拔。在朱元璋看来，人才是国家的根本，只有拥有优秀的人才，才能使国家更加强大。因此，他始终致力于发现和培养人才，为明朝的发展注入了源源不断的动力。

才华锋芒外露的人如同上林之花，锦绣灿烂，人人赞赏、人人注目，都欲得而用之，社会上这种对待这类人物的现象被称为“马太效应”。具有潜质的人则有如待琢之玉，似蒙土的黄金，没有引起世人的重视，没有得到公众的承认。若没有独具慧眼的人是难以发现他们长处的。千里马之所以能在穷乡僻壤、山路泥泞之中，盐车重载之下被发现，是因为幸遇善于相马的伯乐。千里马若不遇伯乐，恐怕要终身困守在槽枥之中，永不得向世人展示其“日行千里”的风采。许多具有潜质的人都是被“伯乐”相中，为其提供了一个发展成长、施展才华的机会，才获得成功的。

当你发现下属中有这类人物时，应立刻善加运用，一刻的犹豫即是损失一刻利益；因妒忌而把他等同于平庸者看待，公司将由此遭受巨大的损失而最终走向下坡路。

看穿面具识真相

有人偏执地认为：“人要生存就要有几副人格面具。”心理学家荣格认为：人格面具在整个人格中的作用既有可能是有利的，也可能是有害的。人格面具与演员戴的面具作用类似，它保证一个人能够扮演某种性格的角色，而这种性格却并不一定就是他本人的性格。一个人如果热衷和沉湎于受人格面具支配，就会逐渐异化于自己的天性。

显然，“人格面具”有抑制自我的作用。

对于管理者而言，辨别下属真假忠心是个难题；对于下属来说，辨别谁是值得你忠诚的人也是难题。比如，介子推认识到重耳是个只能共患难而不能共富贵的人，便毅然地离开他，这实属聪明之举。宁愿被他烧死，也比万一有一天因政见不合，找借口给你扣顶帽子要好。所以，聪明人也不是见谁都忠诚，那种不值得你忠诚的人就不可久留、赶快走人，找个安全的角落干点自己的事，这远比陪伴那些官僚要自由安全。

我国宋代的名相王安石就曾为我们做出过表率。他在变法期间屡受非议，有一个叫李师中的小人乘机写了篇很长的《巷议》，说街头巷尾都在说新法好、宰相好，为王安石变法提供雪中送炭般的舆论支持。但王安石一眼就看出了《巷议》中的伪诈成分，于是开始提防这个姓李的小人。

生活中往往有两面三刀者，他们采取各种欺骗方法，迷惑对方，使其落入陷阱，达到自己的企图。比如说唐玄宗时的宰相李林甫，他陷害人时并不是一脸凶相、咄咄逼人，而是吹捧，他“口有蜜，腹有剑”。当代也不乏口蜜腹剑者，他们就在我们的周围。有时，他们看到你直上青云就会逢迎拍马、专捡好听的话讲；有时，他们看到你事事顺心、进展神速就在背后造谣生事向你的上级进谗言，陷你于不利；有时，欺骗、谎言、圈套从他们头脑中酝酿成“捆精绳”套在你身上，使你翻身落马；有时，他们看到你堕入困境则幸灾乐祸趁机打劫。对于所有的这一切，每个人都应该有个清醒的认识。

当一句话脱口而出的时候，他就已经把自己的底牌亮给了对方。如果你是一个识人高手，便不难从中看出他的底牌。

第一种人，夸夸其谈。这种人侃侃而谈，广阔高远却又粗枝大叶，不大理会细节问题，琐屑小事从不挂在心上。他们的优点是考虑问题宏博广远，善从宏观、整体上把握事物，大局观良好，往往在侃侃而谈中产生奇思妙想，发前人之所未发，富于创见和启迪性。而缺点是理论缺乏系统和条理性，论述问题不能细致深入，由于不拘小节而可能会错过重要的细节，给后来的灾祸埋下隐患。这种人一般也不太谦虚，知识、阅历、经验广博但都不深厚，属博而不精一类的人。

这种人宜作谋士，不宜独当一面。诸葛亮不听刘备的忠告，对“言过其实”的马谡委于重任，于是有街亭之失，这是要引起管理者注意的。

第二种人，抓住弱点就攻击对方。这种人言辞锋利，抓住对方弱点就严厉反击，不给对方回旋的机会。他们分析问题透彻，看问题往往一针见血，甚至有些尖刻。由于致力于寻找、攻击对方弱点，有可能忽略了从总体、宏观上把握问题的实质与关键，甚至舍本逐末，陷入偏执与死胡同中而不能自拔。在识人时，应考虑他们大局观良好，是难得的精中有细的优秀人才。

这种人宜做外交工作。他们精明强干、智力过人，但有时流于轻浮，需要引以正道。

第三种人，似乎什么都懂。这种人知识面宽，随意漫谈也能旁征博引，各门各类都可指点一二，显得知识渊博、学问高深。缺点是脑子里装的东西太多，系统性差，思想性不够，一旦面对问题可能抓不住要领。这种人做事，往往能生出几十条主意，但都打不到点子上。

这种人是杂家，宜做领导，只是要对其加强系统性、条理性培养。

第四种人，说话平缓宽恕。这种人性格宏度优雅，为人宽厚仁慈。缺点是反应不够敏捷果断，转念不快，属于细心思考，有恪守传统、思想保守的倾向。他们如能加强果敢之气，对新生事物持公正而非排斥态度，会变得从容平和，有长者风范。

这种人宜做学问，只是不免流于守旧，宋代的司马光极力反对新法，但却是位谦谦君子，他就是这种人的典型代表。

第五种人，华而不实。这种人口齿伶俐，能说会道，口若悬河，滔滔不绝，乍一接触就很容易给人留下良好印象，被当作一个知识丰富、又善表达的人才看待。但是，他们经常会将许多时髦理论挂在嘴上，迷惑许多识辨力差、知识不丰富的人。

这种人宜做演员，天生具有表演才能，只是切忌浮躁。

横看成岭侧成峰

横看成岭侧成峰，远近高低各不同。看山如此，看人亦然。管理者观察人的时候，也应从各个角度进行观察，不要光看别人的缺点而忽略了他的优点。对于一般人批评的“某某人有什么缺点”，我们也可以换一个角度来衡量，可能这个众人公认的缺点反而是他的优点呢！

有时候，看人不妨糊涂一点，因为水清澈到了极点就没有鱼可以生存其中了，人过分精明了就没有人可以交往了；有时候，看人不妨全面一点，因为喜欢一个人而能知道他的缺点、憎恶一个人而能知道他的优点，这种事天底下是很少见的。除此之外，看人不妨实际一点，观察一个人的外表不如了解其内心，了解其内心不如看其实际表现。

一铢一铢地称东西，这样称出的一石与一次称足的一石必定有出入；一寸一寸地量东西，这样量出的一丈与一次量足的一丈必定有误差。看人应该看大端而不应囿于细节，否则，不分事的大小，简单相论，就只能歪曲人的原貌。

有一位姓陈的先生被大家公认爱出风头。在一次陈先生没有出席的酒会中，大家在聊起他的时候，就有人说：“他真爱出风头。”接着，大家就七嘴八舌地举出例子，证明他确实爱出风头。不过也有人认为，陈先生一向热心公益，喜欢帮助别人，所以有人马上语气和缓地说：“他是有一点多管闲事，不过，还是很乐于帮助别人的。”听了这话之后，同事们立刻转变了态度，开始赞扬他的优点，这种态度的一百八十度转变给人留下深刻的印象，使人真正了解了所谓批评别人究竟是怎么一回事。

人际间的关系就是这样，以批评的眼光去看别人，越看越觉得不好；可是，如果换一个角度去衡量，也许就不认为这是缺点了。“君子之交，贵相知心。”这就是要我们尽量去观察别人、发掘别人的长处。

一个人的好坏是由其本质决定的。古人认为少壮时不学无术，长大必定无能；至老而没有教人，死时便没有门人思其言行；富有而不知施舍，穷困便无人相助……这都是由本质所定的。是君子就会好学而向善，是小人则总是好逸而恶劳。因此，能向别人学习并严格检查和要求自己的人，极少不属于君子；一切由着自己，有了错误总要尽力掩饰的人，极少不属于小人。古代的君子要求自己严格而且全面，要求别人宽厚并且简单。因为要求自己严格而全面，所以他们不会懈怠；因为要求别人宽厚并简单，所以别人就乐于做好事。

观察一个人，先考察他所作所为，再观察他做事的动机，审度他的心态，这样他就无法伪装。人们所犯的过错分成各种类型，仔细审查某人所犯的过错，就可以知道他是什么类型的人了。

A化妆公司的宣传部部长刘先生，曾在闲聊时讲了一则他的识人经验。

有一次，一个广告代理商到他那里洽谈生意，谈到与A公司对立的B化妆品公司，这个代理商或许为了拉广告，于是把B公司的宣传机密全盘托出。

刘先生听到这里，忽然想到：“此人与我并无深交，为什么会对我泄露B公司的秘密？可想而知，他同样会把我们公司的机密泄露给B公司。”

刘先生用另一角度思维识破对方的诡计之后，从此再也不信任这个广告代理商了。

在《韩非子》一书中，对类似的观察法实例的收录也极多。

晋国重臣文子，有一次因为被案情牵连，于是匆忙逃命。在慌乱中逃到了京师外的一个小镇。

跟随他逃亡的侍从说："统领此镇的官吏，曾经出入八大府邸，可视作亲信，不如我等先至他家略事休息，待行李到来，再行赶路如何？"

"不可，此人不可信赖。"

"何故？他曾亲密地追随过大人……"

"唔！此人知我喜好音乐，即赠我名琴；知我喜好珍宝，即赠我玉石，像这种不用忠告方式而以宝物博取我欢心的人，如我前去投靠，必被他献给君王以博欢心无疑。"

于是，文子不敢稍做停留，连行李都顾不上带，继续赶路。

文子的看法果然不错，后来，此官把文子的两车行李拦截下来，献给君王邀功。

管理者的人才观

那些条件差的人是指一些在学历、技能、年龄、政治条件等方面相对而言存在劣势的人，如学历较低、年龄较大、手慢脑笨、有些单位不愿接收的女职员等，条件差者并非指那些主观不努力、工作态度很差的人。每个企业都有一些条件较差的员工，管理者千万不能把他们当作累赘，善待他们，把他们放在适当的位置上，他们就可能成为人才，成为企业的财富，更可能成为管理者的“贴心人”。

美国有些大公司已抛弃了“尽可能用最好的人才”的用人原则，奉行“找那些素质低的人，发掘他们的潜能即可”的原则。每个公司都有大量的简单工种、脏累工作，安排条件差的人去干，他们会全力以赴专心致志地工作，他们具有高昂的士气和很高的工作效率，不会有自卑感、沮丧感，不会感到自己大材小用，因为他们有“自知之明”，期望值不高。这些人往往会感恩戴德地工作，因为这起码能够解决他们的就业问题，一个人纵然很有才能，但不愿合作、不愿施为，那他对上司来说也是毫无价值的。如果管理者足够聪明的话，就不能小视那些条件差的员工，也许最终能与其同舟共济、荣辱与共的人正出身于他们之中。

如果我们将问题延伸一下，就会得出这样的结论：企业无疑是需要大批精英俊杰的，可是雇佣太多的高级技术人员、管理人员对企业来说并不见得是好事，因为与他们地位、学识相称的职位毕竟有限。一旦没有合适的职位，他们往往会表示不满。因此对管理者来说，资历深、学历高的人员固然重要，但亦不应排斥自身条件不高的员工，有时候他们的忠诚度可能更高。所以领导也不妨从条件差的员工中发现和培养人才，并为己所用。

识人不能想当然

古今中外大量识人实践的历史表明，由于人们识人的着眼点不同，他所得到对人的看法也不同。据韩非子在《显学》中记载，有一个叫子羽的人，长着一副君子的容貌，孔子认为他是个人才；还有一个叫作宰予的人，能说会道，孔子也曾认为他是个人才。后来与他们相处的时间久了，才发现子羽的行为与其外表很不相称，宰予的智力远不及他的口才。所以孔子感叹道：以貌取人，在子羽身上造成失误；以言取人，在宰予身上造成失误。

达尔文在剑桥神学院读书时，神学成绩不佳。很多人认为达尔文贪玩成性，智力远在普通人之下，是个平庸者，但是植物学教授汉罗斯却看出达尔文有着特殊的才能。他特别器重达尔文的观察力和喜欢独立思考的治学品质，并力保他随贝格尔舰进行环球科学考察，从而使一个“平庸”者成为举世瞩目的科学家。

黑格尔在读书时也被人视为“平庸少年”，有人画漫画奚落他，把他画成拄着两个拐棍的小老头儿，认为他没有什么出息。但是，有人却很赏识他，他的老师曾在他的毕业证书上写道：“健康状况不佳，中等身材，不善辞令，沉默寡言，天赋高，判断力健全，记忆力强，文字通顺，作风正派，有时不太用功，神学有成绩，虽然尝试讲道不无热情，但看来不是一名优秀的传教士，语言知识丰富，哲学上十分努力。”应该说，黑格尔的这位老师是善于识才的。

在现实生活中，有的人常常以他们对别人的态度划线，对自己奉迎者，无才也是有才；对自己不奉迎者，有才也是无才。有人将此现象概括为：“说你行，你就行，不行也行；说你不行，你就不行，行也不行。”这样知人是反映不了真实情况的。

旧思想旧观念的束缚给知人造成了一定的困难，如受论资排辈的思想影响。当选拔年轻人时，就会有人提出问题：“年轻的提起来老的怎么办？”最后只能靠“多年媳妇熬成婆”，按照年资一茬一茬往下排。应当说这种论资排辈的旧观念是识别和选拔人才中的一种最普遍、最顽固的习惯势力。只要不排除论资排辈的陈旧观念的羁绊，新一代人才就不可能出现。

有些人习惯以个人的好恶看人。顺眼的人就是优秀的人物，什么事都对其放心，结果却往往把事情办糟。存在上述现象的重要原因就是有的领导和业务部门在看人用人上掺杂了个人恩怨得失的成分，以己所好为优、以己所恶为劣。

文凭不代表水平

在激烈的市场竞争大潮中，人才的选拔是现代管理的一项非常重要的课题。究竟以什么样的原则作为选才的标准，专家们对此议论不一。许多单位选拔人才时都要用文凭来衡量。在公司、企业内部，想要晋升、提拔，似乎有文凭才有机遇。即使是公司骨干，如果没有文凭，也将被无情地拦在外面，单位的各种奖励与提升的机会将与他失之交臂。同样，在一些人才流动招聘大会上，几乎每家公司都将文凭的等级清楚地摆在首位，这不禁使人们切身地感到，文凭在人才市场的争夺战中已成了“通行证”。有之者，可以信马由缰，任意驰骋；缺之者，则如铁丝束身，毫无办法。有很多人为了一张文凭不得不在工作之余，奔波于各类成人教育院校。与此同时，文凭的神奇作用也使各院校竞相办起了成人大专班，各种热门的专业一哄而上，一时间，奔文凭的人趋于若鹜。

人们不禁要问：为什么在选拔人才问题上文凭会有如此魔力？问题的关键就在于企业中的某些领导在观念上片面地强调学历，误认为高学历就一定具备很强的工作能力，学历与能力成正比，甚至把学历的高低当作选才用人的唯一尺度，并用它去决定员工的晋升与奖金的发放。显然，这种选才的认识与做法是片面的，也是错误的。

平心而论，有很多人由于种种原因没能进入高等学府继续深造，但是他们经过不懈地努力，在实际工作中艰难探索，自学成才积累了丰富的经验，其实际能力有的远比受过高等教育的人要强得多。如果管理者仅凭一张文凭，而不注意人的实际能力选拔人才，那就会大错而特错，就会把大批有真才实学的人拒之于公司大门之外，甚至会给企业带来较大损失。

管理者首先应该弄明白文凭与学历的含义。实质上，文凭只是表明一个人所受教育的程度。固然，受教育程度越高，理论知识就越系统，眼界就越开阔，整体素质就越高。而高素质又是一个人成功的基础，一个受过高等教育的人成功的机遇要远远高于未曾受过大学教育的人，发展的机会也要多于只受过普通教育的人。企业中的管理者之所以愿意使用受过高等教育的员工，是因为他们掌握了系统的专业知识，分析问题、解决问题的能力较强，政策水平较高，对于管理者能起相当大的辅助作用。当困难和问题出现时，一个训练有素的大学毕业生可以运用其所学的专业知识对问题进行系统的分析，并妥善地处理。但未经过专门训练和不曾步入大学学府的人，他们也能凭借丰富的实践经验和自学成才的悟性，去解决一些工作中的难题。这二者之间，绝不是谁拥有文凭，谁的能力就一定高出许多。

学历固然重要，但它并不等同于能力。在今天的现实生活中，一些企业的管理者单纯地把学历与能力等同起来，看不出文凭与能力、知识、技能的差异，仅凭一张文凭便把一个人安排到一定的位置上，其效果不见得好。有一名大学研究生被分配到某家公司，正逢公司经营不善、亏损严重，凭借学历和丰富的理论知识，他被公司经理看中委以重任，公司员工也把希望都寄托在这位硕士生身上。可过了一段时间，公司经营仍不见起色，人们议论纷纷。其实，他的学历只代表他接受过某种教育训练的程度，只表明他在所学专业的理论方面略强一些，而并不能说明他有能力使公司起死回生。由于他缺乏实践经验，尤其缺乏管理的才能，所以，公司的经营仍不见起色。

有很多刚走出学校大门、具有高学历的人才，也许在某些特定的专业领域中适合从事理论、科技的研究工作，但不一定适合于实际的操作。如果不按能力的差异、仅凭学历选拔人才，则难免会出现高学历、低能力的现象。

相反，很多没有机会接受高等教育的人，通过自学和艰苦的工作实践，同样会成为杰出的人才。

比如说日本“经营之神”松下电气公司的创始人松下幸之助，从12岁起就在脚踏车店里当学徒；世界著名的摩托车大王，被日本人称为“摩托之父”的日本本田技研总公司的创始人本田宗一郎，在16岁时就在一家汽车修理厂当学徒；被台湾称为“经营之神”、台湾最大工业企业——台塑集团的董事长王永庆先生，只念了几年小学，而后就到一家米店当小工。他们都没有接受过正规的高等教育，却通过自己的实践经验与自学能力，为社会做出了贡献，成为杰出的人。本田宗一郎在20世纪50年代就曾说过，“文凭又算得了什么？它顶多像一张电影票，保证你在电影院里有个座位”，“我不仅看学历，更看重真才实学和工作成绩”。

日本一些学者在总结本国的人才问题时曾指出：20世纪50年代，我们用尽一切办法学习美国的学院式办学办法，而实际上我们并没有培养出所需要的具有很强能力的管理者；与此相反，一些名扬海外的公司如松下、东芝公司，却出自没有文凭的日本人之手，从第一线的实践中培养出杰出的人才。有些美国的企业管理者发现他们培养的一些高学位的员工，在毕业头10年除了频繁更换自己工作以外，往往眼高手低、自命不凡，出现高分低能的现象。在实际工作中，他们的管理并不成功。如今，欧美国家的企业对选拔人才已不再限于陈旧的观念，它们坚持推行“能力主义”和“功绩制度”，把知识、能力和实际取得的业绩作为选拔人才的标准。美国从卡特时代以来就大力推行“功效+学识”的双重功绩制，根据能力、知识、技能，全面衡量、决定人才的选拔与提升，认为学历只是一方面，更强调以功效衡量一个人的本领。

总之，不重视文凭是不对的，因为文凭必然反映一个人所受教育的程度，反映其所学专业知识的深度和广度，但唯文凭论也是错误的，不可简单地把有文凭的人都当成人才。正确的态度是既看文凭，但又不唯文凭，实事求是，重在分析问题和解决问题的能力。

第二章

沟通：相逢何必曾相识

沟通是维持人际关系的一种手段。恋人、朋友、同事之间，都需要沟通，只不过沟通的方式可能有些不同。作为一名管理者，必须要学会沟通，尤其是与下属、上司之间的沟通。如果你不会沟通的话，那么你就不能算是一名合格的管理者。

沟通有利于调动员工积极性

艾柯卡，美国商业偶像第一人，有一次去一家学院作讲演，在下面听讲的一个学生向艾柯卡问："你去外面讲演或做其他工作期时，谁来调动你属下一万一千多员工的积极性。"艾柯卡认为这个问题问得恰中要害，很有水平，因为这涉及经理人员的一个极为重要的素质：鼓励员工的士气，调动大家的积极性使之持久的能力。

艾柯卡作为一个成功的管理者，非常重视与职员的交流，他认为"交流恐怕是调动别人积极性的最佳途径"。

为了能更好地与所有的人进行交流，讲演是一个非常有效的手段。为了能够有很好的讲演技术，艾柯卡曾经到学院去专门学习讲演术。艾柯卡说："面对一大批人做公开讲演，你必须亲自认真做准备，准备讲稿或讲话提纲。你要熟悉听众的情绪、心态、语言。否则，你再有学问也是浪费自己和大家的时间，因为你预期的鼓动效果没有达到。如果在听你演讲的时候，听众能随着你的情绪、思路进入相应的情境，不由自主地发出慨叹：讲得太好了，和我们想的一模一样，你的目的就达到了。听众会心甘情愿地支持你，跟你走，赴汤蹈火也在所不辞。如果讲演对象完全是自己内部人员，你应当尽可能真诚地把你精心策划的一切告诉大家，让大家有一种参与感，使之觉得自己也参与了决策，这样，大家的积极性就调动起来了。"

他在福特汽车公司时，是经常这样做的。他后来到克莱斯勒汽车公司，受命于危难之时，他几乎是逐级进行讲演。特别是对职工，他能以非常坦率、诚恳的讲演，与所有人沟通情况，力图使每个人都明白公司的处境，并寻求大家的理解和支持。如果没有艾柯卡的这种通过讲演进行的沟通，仅仅劳资双方那不可调和的矛盾，也足以使濒临危机的公司雪上加霜，难以支持，扭转危机根本无从谈起。

艾柯卡的经验告诉他，在任何情况下，都应尽可能回避对职工的积极性的破坏。这应了中国人的一句话："气可鼓而不可泄。"艾柯卡作经理人员的时候，每天都要接到不少的建议。这些建议大都是为公司着想，为大多数人着想，但其中也确有许多建议偏颇、幼稚甚至非常外行。那些好的建议，当然能够采纳，但那些不好的建议，根本不能采纳。这就潜伏着一种危机，一些建议不能被采纳，必然使一部分人的积极性受到挫伤。为了不致挫伤人的积极性，艾柯卡的做法是，尽一切可能，真诚地找那些其建议未被采纳的人聊天，哪怕几分钟也行，并向他表达这样的意思："你的建议不错，只是有些方面没有考虑到，暂时无法实行。"这样，这些人会感到受了重视，积极性不但不会受到挫伤，反而会高涨起来。他会去在工作中积极进行总结，或改变自己，或提出更好的建议，他对公司的参与也会越深：感情和智力的投入也会越多。艾柯卡作为经理人员，最得意的事情，就是看到公司里那些智商不算太高的人提出的一些建设性意见被采纳而容光焕发。

艾柯卡在管理中，还有一条相当精到的经验：员工心情好，就应当鼓励他积极进取，多做事情，员工情绪欠佳的时候，就不要让他太难堪，否则也可能一辈子也兴奋不起来。他认为：要赞扬某人，最好是用白纸黑字写下来；若要训斥某人，则用打电话的方式，不留痕迹。

艾柯卡作为管理者，他是非常重视每个人的积极性的。

为了使整个公司兴旺起来，使公司的一切部门正常运转，他总是努力调动每个人的积极性。但又不可能面对每一位员工，这样，他就激励他的副手，他的副手再激励他的部下，如此层层递进，那什么事业都可以发达起来。

艾柯卡曾以橄榄球队的团队协作精神来说明公司的协作精神，他认为：指挥一支球队和领导一个大公司没有什么两样：在球队中，除了球员懂得比赛的基本要求、基本技术、严格纪律而外，最重要的是球员之间应当有一种彼此友爱，打球时全身心投入，身上的每一块肌肉都开足马力可以称之为集体精神的东西。具备这些特征的球队就一定能天下无敌。一个公司也应当如此。

所以艾柯卡总是在管理的过程中，鼓励和培养这种团队的精神。这是他成功用人，创造管理奇迹的关键。

把交谈的主动权掌握住

共同话题的主动权是应该掌握在管理者手中的。共同话题往往来源于员工和管理者的共同点，这些共同点往往容易拉近员工和管理者的距离。一般来说，可以从以下方面来寻找共同话题：

1.从员工的口音找话题。员工的口音往往能够表明身份和经历。管理者要大胆地猜员工的口音。猜对了，固然可喜，两个人有了共同的话题；猜错了，也很可喜，因为员工往往会告诉你他是什么地方的人，这样你们还是找到了共同的话题。

2.从员工的穿戴来寻找共同话题。员工的衣着、举止，在很大程度上可以反映出他的身份和地位。这些都可以作为管理者判断并选择话题的依据。如果看到一个西装革履的人坐在较大的办公室，管理者就可以判断其为主要负责人，即使是猜错了，也可以借这个错误的判断来恭维他。只要接上了话，整个局面就可以很轻松地控制在管理者手中。

3.从共同遭遇谈起。“同是天涯沦落人，相逢何必曾相识。”一般来说，遭遇相同或者近似的人容易形成共同话题。管理者可以通过共同的遭遇和员工寻求心灵上的共鸣。对于这类的遭遇管理者可以和别人侃侃而谈，尽量制造良好的交谈氛围。

4.从共同物件谈起。如果管理者和员工有共同的物件，往往可以从共同物件谈起。比如员工有一个皮包和管理者的皮包是相同的式样和型号，管理者就可以从谈皮包出发，来引诱别人和自己交谈。

理智对待下属的顶撞

水至清无鱼，人至察无徒。这就是告诉我们，待人处事太刻薄了，结果就会与人难处。作为朋友，你就不能用自己的标准去要求和衡量所有的人，不能责备别人的“另类”。如果面对下属的顶撞，管理者应该如何做呢？

首先必须强调一点的是，异己的存在，可以促使你在决策时格外谨慎，力求科学严谨，以免被异己找出破绽，发现纰漏。同时他可以避免你无意识地发生错误，造成不可挽回的严重后果。可以说，下属的顶撞，就是竞争对手的存在，就是监督者的存在，他可以促使双方更加勤勉。

在中国某大型企业中，有一位深受员工尊敬的中层管理者李经理。他以其卓越的领导能力和平和的处事态度而闻名。有一天，李经理收到了一份来自下属小张的报告，报告中存在一些明显的错误和遗漏。

李经理知道小张是个才华横溢但性格急躁的年轻人，于是他决定亲自找小张沟通此事。在会议室，小张坚称自己的报告没有问题，甚至对李经理提出质疑。面对小张的顶撞，李经理并没有生气，而是耐心地倾听小张的观点，并试图理解他的立场。

在听完小张的陈述后，李经理开始用平易近人的语言指出报告中的错误，并用实例和数据来支持自己的观点。他解释说，这些错误可能会对公司的业务产生负面影响，因此需要认真对待。同时，他也鼓励小张提出自己的想法和意见，但要在确保事实和数据准确性的基础上进行。

经过一番深入的交流，小张逐渐意识到自己的错误，并对李经理表示歉意。他承诺会更加认真地对待工作，提高自己的专业素养。李经理则对小张的进步表示肯定，并鼓励他继续努力。

这个故事告诉我们，在面对下属的顶撞时，作为领导者应该保持冷静和理智。通过有效的沟通和引导，我们可以帮助下属认识到自己的错误，并促进他们的成长和进步。

处理“刺头”技巧要高明

管理者要区分不同的情况来对待“刺头”员工，千万不能采取贸然措施将“刺头”员工全部炒掉，以保持团队的纯洁度。因为这样的结果，你得到的是一个非常听话，但可能是平庸无比的团队——根本无从创造更高的管理绩效。

对那些有背景的员工来说，在工作能力上，这些人不一定比其他同事强，但是，他们的心理状况一般好于他人，做人做事方面更自信，加上背景方面的优势，更能发挥出水平。对待这种人，最好的办法是若即若离，保持一定的距离。如果在工作中有上佳表现，可以适当地进行褒奖，但一定要注意尺度，否则，这些人很容易恃宠而骄，变得越来越骄横。

对于那些有优势的员工来说，他们并不畏惧更高的目标、更大的工作范畴、更有难度的任务，他们往往希望通过挑战这些来显示自己超人一等的能力，以及在公司里无可替代的地位，以便为自己赢得更多的尊重。因此管理者如果善于辞令、善于捕捉人心理，就可以试着找他们谈谈心、做做思想工作。如果管理者并不善于辞令，那么就要注意行动。行动永远比语言更有说服力，在巧妙运用你的权力资本时，为这些高傲的家伙树立一个典范，让他们看看一个有权威的人是怎样处理问题、实现团队目标的。

对于那些想跳槽的员工，机会、权力与金钱是他们工作的主要动因。因此管理者在对这些员工进行管理的过程中，要注意以下一些原则：一是不要为了留住某些人轻易做出很难实现的承诺，如果有承诺，一定要兑现，如果无法兑现，一定要给他们正面的说法。千万不要在员工面前言而无信，那样只会为将来的动荡埋下隐患；二是及时发现员工的情绪波动，特别是那些业务骨干，一定要将安抚民心的工作做在前头。

交谈中忌讳的四件事

管理者在和员工交谈的过程中，有些态度和表现是相当忌讳的。这些态度和表现很可能使管理者丧失交谈中的主动权，导致交谈的失败。这些忌讳主要是：

1.不要好斗。在和员工的交谈过程中，管理者应该尽量表现随和，通过热情和真诚来感化人，但是千万不要试图通过争辩来说服员工。争辩只能导致矛盾和不满，即使员工口头上认同管理者的说法，管理者也别相信别人已经心服口服。在和员工交谈的过程中，谁对谁错本身就是无所谓的事情，关键是要和员工形成一种有利于管理的关系。如果能和员工形成这种关系，员工永远是对的又有何妨？

2.不要以自我为中心。在和员工的交谈中，不要以自我为中心，否则很容易给员工造成他们无法控制局面的印象。在交谈的过程中，应该尽量让员工感觉到自己把握主动，所有的环境因素都在自己的掌握之中，在这样的环境下，员工才有可能自觉自愿地和管理者形成一种良好的关系。

3.不要言过其实。对员工的赞扬应该有度，对自己的介绍也应该有度。过分的渲染或者热情都会让人产生虚伪的感觉，而虚伪的感觉一产生，管理者所致力建立的诚信体系自然土崩瓦解。言过其实的说法是不足信的，这是每个人都知道的常识。

4.不要挖苦员工。员工不管说了什么做了什么，管理者都不应该挖苦员工。即使员工在众目睽睽之下有任何不雅的动作或者不雅的言谈，管理者都不应该挖苦他们，要注意时刻体谅员工，原谅员工的过失。挖苦员工对管理者来说没有任何好处，相反如果体谅员工往往能够得到员工的认同。

批评，永远要对事不对人

作为管理者，如果你知道你的员工犯了错误，你必须对他进行批评，这个时候你应该怎么办？美国著名的女企业家玛丽凯·阿什采取了“先表扬，后批评，再表扬”的做法，收到了理想的效果。

她认为：批评应对事不对人。在批评前，先设法表扬一番；在批评后，再设法表扬一番。总之，应力争用一种友好的气氛开始和结束谈话。如果你能用这种方式处理问题，那你就不会把对方臭骂一顿，就不会把对方激怒。

她曾经看到过这样一些管理者，他们对某件事情大为恼火时，必将当事人臭骂一顿。主张这样做的人认为，管理者应当把怒气发泄出来，让对方吃不了兜着走，决不可手软。但是试想一下，管理者要是把人臭骂一顿，其人必定吓得浑身哆嗦，决不会听到你显然在骂够这些之后才补充的那句带点鼓励的话。这是毁灭性的批评，而不是建设性的批评。我们每一个人都有脆弱的自尊心，都希望受到表扬而不希望受到批评。

作为管理者，批评下属能使其虚心地反省，但方法不当则往往适得其反。在实际的管理中，必须采取高明的批评方法。批评要有针对性，不能无缘无故地批评下属，更不能把自己的不悦转嫁给下属。同时管理者必须选择对方心情冷静的时候进行批评，最好不让第三者在场。需要强调的是，你不能经常批评，要通过鼓励，启发对方改过从善。

批评是一种管理艺术，要想通过批评使被批评的人改过，往往需要开动脑筋。简单粗暴只会增加员工的嫉恨，对改善工作无济于事。人是感情的动物，随意批评很容易伤害他人的自尊心，引起各种不满情绪，难免会造成反作用或阳奉阴违的情形。

根据员工的性格来说话

管理者在和员工交谈的时候，要根据员工的兴趣爱好来说话。因为员工的职业、个性、阅历及文化素养等方面的不同，会导致他们的兴趣和爱好也会有所不同，而且每一个员工的爱好会随时间和地点的改变而有所改变。管理者如果知道员工对某个方面特别感兴趣，不妨从员工感兴趣的话题谈起，这样往往能够较容易地打开对方的“心门”。一般来说，可以从以下几个方面来说话，这样往往能够取得较好的效果。

1.可以根据员工的性格特点来说话。一般来说，性格内向的员工不仅自己说话比较讲究方式方法，而且特别希望别人说话也讲究分寸和礼貌。因此与这类交际对象交谈的时候，要注意说话方式，要尽可能地对这样的人表示尊重和谦虚。然而如果员工是比较直率爽朗的人，就没有必要过分地计较说话的方式，最好的办法就是开门见山。总之对不同的员工应该采用不同的说话方式，一般来说，说话方式和员工接近就容易接近员工。

2.可以根据员工的不同身份来说话。用同一种方法来和不同身份的人交谈就很难避免尴尬和陌生的感觉。同时，面对不同身份的员工，应该选择不同的话题，即要选择与之身份、职业相近的话题。否则很难和员工有共同语言，没有共同语言就很难实现良好的沟通。

3.可以根据员工心理说话。这种说话方式要求比较高，它需要管理者能够经过短暂的接触看透员工的心理。这种方式的目的就是要把话说到员工的心坎上。

不要哪壶不开提哪壶

在与员工交谈的过程中，有几个相当忌讳的话题。

1.员工的隐私。除非是员工主动告诉你他的隐私，否则不要随意去打探员工的隐私。隐私是员工所拥有的一些不愿公开的秘密。凡是知道这些秘密的人都会是员工的朋友，同时员工也会对这些人有些戒备。尊重员工的隐私，是尊重员工人格的表现。如果管理者不顾员工保留隐私的心理需要，盲目地去询问员工的隐私，就会影响两个人的谈话效果，还会让员工对自己产生不良的印象，进而损害管理者和员工的关系。即使是员工主动将自己的隐私告诉管理者，来征求管理者的意见和看法，管理者也应该注意回答的内容，不要得意忘形，像一个专家一样出谋划策、说三道四。只要说一些象征性的话就行了。如果员工非要管理者说一些建设性建议，管理者不妨给员工讲一个故事，说他有个朋友曾经也遇到这样的事情，结果是怎么样解决的，仅供他参考。这样即使建议没有任何效果，甚至起到相反的后果，管理者也没有必要自责什么，员工也不会将过错归结到管理者身上。

2.员工的伤心事。员工的伤心事不能当作谈话内容，一来是因为员工的伤心事并不想被很多人知道，除非这个员工心理上有某种急于倾诉的需要；二来员工如果沉湎于伤心事中，就很难和管理者交谈下去，因此管理者要极力回避别人的伤心话题。虽然通过同情别人往往能够赢得别人的好感，但是提及别人伤心事的办法终究不是高明的谈话方法。

3.员工的尴尬事。当得知员工有些尴尬的话题时，管理者一定要回避。因为尴尬的话题一说出来往往会使员工觉得特别别扭。尴尬话题可以说是别人的禁忌话题，管理者在会见员工之前一定要弄清楚别人对哪些话题十分尴尬。

把握说话的分寸和尺度

管理者在与员工交谈时，一定要注意交谈言语的几个重要方面，这样才能让交谈顺利进行下去。主要包括以下几个方面：

1.要用得体的称呼。管理者首先必须和员工打招呼，引起员工的注意，因此就必须在称呼上讲究一些艺术。一般来说，对有身份和地位的员工，一般是用十分尊重的语气说出员工的姓和头衔，称呼要因人而异，要因年龄而异。在交往的过程中要不断地强化自己的称呼技巧。千万不要随便地称呼员工，除非已经和员工相当熟悉了，否则很容易让员工感到不满。

2.要处处尊重员工。员工对自己的声望、尊严、地位和成就都是相当看重的，即使是口头上说无所谓的员工。管理者要注意尊重员工，满足员工的自尊需要。不要用任何讽刺的话来挖苦员工，这样才能让员工对管理者产生亲近心理。

3.说话把握分寸。管理者在交谈的过程中要进退有度，不要将任何话说过头或者将话说得太满。一般来说，说话过头的管理者往往最后很难控制局面，因为员工对太满的话很容易找出破绽，进而质疑管理者。管理者要花相当的精力去解释自己所说出的话，而且很可能解释不清楚，这样就很难赢得员工的信任。

第三章

倾听：创建良性的交流通道

倾听是一种礼貌，一种出于对讲话者尊重的礼貌。管理者在倾听他人、尊重他人的同时，也会得到他人的尊重，元代郑廷玉在戏剧《楚昭公》中有台词云：“请大王试说一遍，容小官洗耳恭听。”听别人说话，要洗净耳朵专心倾听，以示恭敬。

善于倾听，让你赢得信任

善于倾听的人会赢得更好的朋友，因为你分享了他的欢乐、分担了他的忧愁，善于倾听的人才能够明白别人的意图，找到合适的应对之法。善于倾听，也意味着慎言，避免流言，不伤害自己，也不伤害他人。

大部分善于倾听的人，都能不着痕迹地配合对方的喜怒哀乐。对方说到伤心处就随着哀痛，对方高兴也随着欣喜，整个人都专注于对方身上。

有位心理医师曾说：“我有A、B两种个性，而后者足以凌驾前者。”他由于工作上的关系，需要配合患者的情绪变化而变化，如果只是静静倾听，可能无法获得患者的信任，这会影响治疗工作。

环顾你周围的人，其中一定有人值得你信赖，而你也愿意向他吐露心事。这些人不仅会分享你的快乐、忧愁，而且会为你出主意或纠正你的错误。正因这些人能设身处地为你着想，你才会坦然将自己的心里话说出来。

的确，在获得对方肯定前，自己必须先肯定对方，多表明站在对方立场的态度，定能听取对方更多的心事。心意是否能传达给对方，同时被对方接受，完全掌握在你手上。

下面讲述一则杨乐先生首次生产电插座的故事。那时候对推销产品完全外行的杨先生，不了解自己所生产的插头能卖什么价钱，于是就请教某批发商如何直接定价。

他诚实地说自己不懂得价钱，所以无法决定，而批发商十分热心，帮助他算出零售价，并购买了他的插头。如果这批发商心怀不轨，一定会狠狠敲一笔，然而他并未这样做，反而表示："你的产品不错，值这个价钱。"

杨先生对于批发商十分感激，同时感到社会仍是温暖的。不过社会上也有黑暗的一面，有很多人因上过当，从而养成处处防范他人的心理，这就让人比较痛心了。

不信任他人的人，对自己或周围的人均无益处，这是杨先生的看法。他还说过，我相信人间到处有温情，只要以诚待人，就一定能获得相同的回馈。直至今天，他仍然感谢那位批发商。由此可见，是"信任别人"这信条奠定杨先生事业的基础。

而这信条也适用于听人说话方面。当对方热衷谈论经验时，你却以怀疑的口吻反问："是吗？"或凭自己的意思判断对方，甚至漫不经心。这种态度当然会影响对方，逐渐地减低谈话兴趣，并很快地结束谈话。

任何人都不会对不信任的人表白真心，顶多是说些无关痛痒的话，这种损失实在难以弥补。所以，我们必须相信对方没有一丝作假，那么，对方自然会敞开心扉，表露出真实的一面。

打断发问有失礼貌

有位主持人曾在他自己的著作中提到"谈话与礼节"这个问题。书中表示，一般年长的人说话都倾向于"说教"，但仍须虚心地听。即使长辈表达不完整，也应避免中途打断。

书中描述到：有一天，我们聚在一起闲谈，天南地北扯不完。记得一位长辈向我问话时，我不待他问完即打断，说："你是不是要问我……"对此，他并未显露出不悦的表情，只是暂时打住话题而听我说。

他掌握时机分秒不差，不由得令我佩服得五体投地。他配合当时的情况，先让给我发表意见的机会，然后才由自己继续未完的问题，听人说话技巧的确高人一筹。毫无疑问，说者往往会受听者的礼节与情感所引导。

交谈中需相互交换意见，对话才能顺利进行。应在坦诚谈话并表示了解后，才陈述自己的意见。倘若不遵守这一原则，可能会造成各说各话的情形，以至于谈话不投机，对人际关系有妨碍。

然而，我们常因热衷于谈话，而忽略了这一原则。虽然完全没有恶意要抢先，却会发生打断对方谈话的情形。比方说，对方正在提问题时，你打岔说："是啊，我也正想提这点呢。"或者对方反问之际，你连忙矢口否认："不！不！我将于这月中提出完整的计划。"打断对方而发表自己的意见。

像这样的谈话方法，最容易引起对方不满。应等候对方说完，才正式提出自己的意见。在表达本人看法前，必须用心倾听，充分显露出尊重对方的态度。应特别注意，听话有礼节是帮助说话技巧的要素。

尤其是面对长辈或顾客时，更需具备这种礼节。举例来说，在发问中，对方说道："关于这点……"你应立刻停止发言而专心听对方说，这表示自己愿意帮助对方尽早解决疑问，绝不能打断对方的话题。当然，更重要的是从对方谈话中掌握对方的意图。

不感兴趣也别用呵欠来打发

人是理性的动物，同时也是有感情的动物。在人的行为中，理性与感情哪一方面所占的比例大？关于这点，我们来听听美国某行为学专家的看法：

“人有时是理性的动物。但大部分行为都是被冲动或偏见支配。甚至是由胃痛或贫血等身体症状来决定行动的。”

根据这种看法，人的行为大致是由感情所支配。这点从日常生活中就能证实。例如，一般人与人交谈时，多以当时当事人的态度判断谈话内容的好坏，而不以谈话内容本身衡量。同样的谈话内容，如果谈话者态度良好，就认为“嗯，这个人说话很有道理”，但如果态度恶劣，便会产生类似这样的批判性反应“这个人光说不做……”。

从这种心态看来，赢取欢心是使对方肯定自己谈话的必备条件。即使对方的谈话再无聊，也须装出很用心听的样子，因为人都对肯听自己讲话的人有好感。

某位名噪一时的相声大师曾接受杂志采访，记者问：“大师，你说相声已久，听众们对你拿手的段子也都耳熟能详。如果你在说相声时，听众席传来嘘声‘怎么又是这出……’那么你做何感想？”这位相声大师莞尔一笑，不慌不忙地答道：“这对我来说根本无关痛痒，因为这表示听众对我的相声仍有兴趣。”

原来，大师最担忧的是，听众不肯听他说相声而打呵欠。假如在表演中看到听众张大嘴巴打呵欠，一定令他当场愣住，再也说不出一个字。难怪有人说：“杀死相声大师不需刀，只需打三个呵欠即可。”

不仅是相声演员，一般人说话也同样会介意听者的态度。当对方眼神专注时，说者必然会以为“他一定觉得我的话很有意思”。相反的，当对方转开脸，说者自然会想“他可能感到十分枯燥吧”。说者往往会以听者的态度衡量他对自己感兴趣的程度。

因此，纵然说者言语无味，也绝不要烦躁、发出嘘声或打断，而应耐心地听完。如此必能打动说者的心，自然而然对你发生好感。起初，你或许会感到很没趣，但仔细听后，反而会接受对方，进而了解对方。一旦双方建立良好的人际关系后，对方也能明了你的话。

而这种人际关系同样适用于家人。

大部分家长都会问子女："你喜欢爸爸还是妈妈？"据了解，以"我喜欢妈妈"这个答案居多。这是由于母亲时常听孩子说话的缘故。反观父亲，孩子想自由自在地发表意见，但父亲可能会禁止："吃饭时不要讲话！"渐渐地，孩子自会疏远父亲。

最后再提醒一次，要想博取别人好感，不妨尝试多听对方谈话。

等待时机也是一种听话技巧

有位小提琴教授，他的教学方法独树一帜，对初学琴的学生要求不给乐器，而让他们默默地"听"人练习拉琴，直到学生的学习意愿达到顶点时，才让他们接触乐器练习，结果大部分学生都能在短期内表现优异。

这种模式也可运用于语言沟通方面。有些人急于表达自己的意见，却因表达不完整而焦躁。这时，听者与其不停地催促，不如静静地等候，如此反而能帮助说话者表达清楚。

为什么这种方法能奏效？我们都知道，听同样一个人说话，听者的反应常因说者当时的状况及谈话内容而改变。同理，说者的反应也会随着听者而起伏不同。如果听者反应太强烈，完全不考虑说者的立场，往往只能听到索然无味的内容。

好比鱼类和蔬菜有盛产期一般，说话也讲究时机。等待时机也是听话的技巧之一。齐女士为某杂志社撰写专栏，她教育子女很有一套，值得我们借鉴。关于孩子的服装或礼貌她从不干涉。比方说，上幼儿园的儿子毛衣前后穿反时，其他孩子妈妈一定加以纠正："赶快穿好，不然其他小朋友会笑你的。"但她却置之不理，就让孩子那样去上学。结果孩子放学后，毛衣已穿好，与早上出门时不同。这是因为孩子从其他小孩身上发现错误而自动改正。有一次，孩子的裤子又前后穿反，由于没办法上厕所，第二天自然就穿对了。

的确，由自己发现错误并纠正，便不会再犯相同的错误。说话与穿着或礼貌相同，都需耐心等候时机到来，这点是不容怀疑的。

专心听对方说话更容易说服对方

在中国文化中，倾听被赋予了极高的价值。当我们在与他人交流时，展现出真诚的倾听态度，不仅是对对方的尊重，也是建立信任和共识的基石。这种沟通方式在说服对方时尤其有效。

某家大型互联网公司在推出新产品前，需要获得投资人的支持。公司的高管团队与投资人进行了多次会议，但在产品细节、市场前景等方面始终未能达成共识。在一次关键的会议上，公司的高管决定改变策略，不再单方面地介绍产品，而是真心倾听投资人的疑虑和关切。他们耐心地听取了投资人的意见，然后逐一进行解答和说明。最终，这种专注的倾听和细致的回应赢得了投资人的信任，使他们成功获得了资金支持。

还有一则案例也是如此，一位社区工作者在推动社区绿化项目时，面临着社区居民的不同意见和反对。为了争取居民的支持，这位工作者并没有急于阐述自己的观点，而是深入社区中，与居民进行面对面的交流。她认真听取了每位居民的意见和建议，并详细记录了他们的需求和关切。在充分了解了居民的想法后，她结合实际情况，对绿化方案进行了调整。这种以倾听为基础的沟通方式，不仅消除了居民的疑虑，还激发了他们参与社区建设的热情。最终，绿化项目得到了社区居民的广泛支持，并取得了良好的实施效果。

不可否认，唯有听人说话，别人才能接纳自己的看法。如此双方必能产生信赖关系，使说话具有说服力。以上两个例子告诉我们，听别人说话，是与人沟通必须采取的基本态度。

“听”出对方的真实意图

作为一名推销员，都需严格的职前训练，这样他们才能熟知如何抓住顾客的心理。除非把他们挡在大门外，否则很容易掉进陷阱，卷入一场拉锯战中。

一般对商品知识完全外行的家庭主妇，碰上口才高明的推销员只有听的份，加上推销员抛出好处，如什么永久售后服务、可获赠品等，到最后多半会掏出腰包。

“也不知道是为什么，他说得头头是道，一不留神就买下了。”这位太太似乎很后悔，后悔不该买下产品。为避免发生这种情形，听者与说者之间应保持适当距离。

尤其是顾客更须冷静，然后竖起耳朵，仔细听推销员说些什么，而避开不谈什么。推销员当然是强调产品优点为主，消费者本身须听清楚，便于判断真正想了解的内容，比方说，该产品的使用价值、性能等，当然还要考虑是否真正需要。一切都确定后才能买下，如此才不至于买到不用的东西而懊恼。

不仅对待推销员如此，与一般人应对也必须掌握这个原则。因为有些人说话常拐弯抹角，而不直接表达，使得听者需连蒙带猜才能明白。举个简单的例子，原本直接说明真相可能会遭受指责，但以其他言词代替实际情况可能有所转变。

推敲说者真正的意思，也是学习听话技巧的课题之一。只要集中精神听人说话，自然能听出内容以外的意义，也能认清对方的真实意图。

某著名百货公司因经营不善而宣告破产。据了解，该公司的董事长喜欢独裁，由于是白手起家，对别人要求也特别严格，尤其是对待属下。长此以往，属下为避免董事长的责备，经常隐瞒事实，只报告董事长所喜欢的。

像这种情形，最常见于老板独裁的公司。属下为讨老板欢心，通常只上呈有利于自己的报告，等到老板发现时，公司或许已濒临危机。这当然与老板的听法有关，无法区别报告中的“真实性”与“主观性”。

1. 注意真实性

人们在发言时难免会掺杂主观色彩，所以听者须注意其中的真实性。例如向上司作报告，任何人都想获得好评，往往会在事实外，加上自己的观点。

又如汽车公司推销员，预先报告销售业绩是常有的事，这是因为他想博取上司赞赏或向同事炫耀。

基于这种心理，听者听人说话时，应从对方谈话中，确定是否可靠。倘若无法区分真伪，不妨要求对方提供证据，这样就能辨明真伪。

当然，年轻朋友之间闲聊，可不必介意是真是假，但如果换成重要的工作报告，务必向对方取得证据，以掌握内容的真实性。

2．不可先入为主

此外，听人说话前不可抱着先入为主的观念。上司听属下报告时，时常会发生这样的情形："这家伙的话不能相信，我要特别当心。"如果采取这种态度对待属下，结果往往会犯下严重的错误。

关于这点，再以刑警和新闻记者为例。按常理，他们须到现场勘察，再对整个事件做分析整理。不过，如果事前已听到属下或同事谈起，再到现场时，不免就会先入为主，误认事实的真相。

连这些受过专门训练的人都可能会犯这种毛病，何况是一般未接受专门训练的人，误认事实的情况当然更高。

据此，判断说者的话或报告书之前，必须先区分哪些是事实，哪些是主观臆想，同时须一面听一面整理，才能掌握正确内容。

交谈时如何记录重点

在重要的谈话中，一般人都想记下整个内容。然而这方法并不理想。举例来说，谈话内容总共有十个重点，从第一个重点开始，就拼命记在脑海中，结果疏忽了后面的重点。即使记住了第二个重点，也未必跟得上第三、四、五……的重点，因为一般人的短期记忆能力有限。有时第一、二重点勉强记下，但到第十个重点时，前两个已忘光。可见专心听讲的重要。

倘若从头到尾都是如此听讲，到谈话结束时，往往抓不住重点，脑子里一片混乱。由此可见，人的记忆并不可靠。与人交谈太过信任自己的记忆，可说是非常危险的。

法庭上都设有速记官与书记官。前者主要负责记录详细的审判过程，所以都使用特殊的记号记录，以免遗漏。而后者则记录重点，记下审判的概要。

其他如新闻记者，同样是采用这种方法，记录采访重点，否则往往会漏失重要的内容。当然，这是专门技术，并非人人天生就具备，需经训练才可。

某报社记者刚出道时，经常抱怨："原以为我的记录相当完整，但在编辑稿件时才发现，漏记了最重要的部分。"现在他已成为一名优秀的记者，颇受上级的赞赏。但每当想起以前的错失，仍感到汗颜。

除了记者以外，一般人交谈机会也很多，如朋友、爱人、孩子、上司和属下等，均是很好的对象。不妨利用谈话，训练自己能在瞬间选择重点。

至于记录，也要把握住重点。应避免埋头苦干，否则会打断对方谈话，引起对方不愉快。此外，在记录前需征求对方同意，事后则须向对方叙述记录重点，甚至将记录让对方过目。如此才能消除对方戒心，建立彼此之间的信任关系。

记录固然重要，却切忌失礼于对方。要是一味埋头记录，可能会留给对方恶劣的印象。所以应以公开的态度表现诚意。在记录中，难免会带给对方心理压力，需趁早训练记录能力，便能一面作应答，一面引导谈话，成为最成功的听者。

别人炫耀时不可插嘴

喜欢炫耀爱好或专长是一般人的心理。然而，炫耀之心被人看穿后却会不好意思，并且想尽办法保护自己的良好形象。因此，即使想大声炫耀时，也要谦虚一番才开始谈论。

如果能利用这种心理，让对方开心地谈，对自己也有好处。例如在洽谈生意时，不妨让对方畅谈自己的爱好，而你则点头称是，表现出敬佩的样子，在对方获得满足后，自然可促成交易成功。

在工作上普遍受人欢迎的人，多是能了解听人炫耀的技巧。老王是某公司的职员，他就是因此而人缘极佳。例如，星期一上班时，他看到上司晒黑了，便自然地比划出握网球拍的动作，两人的话匣子就此打开。刚开始时，上司可能会不好意思而客气地说："其实我昨天收获不错。"但很快就进入情况，不时会露出得意的神态。如果上司是个钓鱼迷，不妨说："现在钓鱼不简单吧？"或"一天能钓上一条草鱼就不错啦！"等，如此纵然对方成绩不理想也不会难为情。因为这无疑是暗示对方，现在天气不佳，你能钓上一条，可称得上是高手了。

由于他是如此善解人意，大多数同事都乐于找他谈话，他不但不厌烦，还会给予精神上的支持，难怪会大受人欢迎。他就是以"听话"增加与人的亲密感。

接着，谈谈他的听话技巧，与人交谈时，他完全扮演听众的角色，从不炫耀自己。比方谈到钓鱼，听者同样善于此道时，仍需耐心听完，如果从中插嘴，自吹自擂一番，将使对方因泄气而没兴趣再说，甚至会嘀咕"这家伙不可等闲视之"或"年纪轻轻的就这样神气"而引起反感。

像这样的谈话态度，断然不能与人和睦相处。

基于这点，在谈论对方擅长的话题时，听者应暂时保持沉默，安静地听完，而不宜中途插嘴，摆出强者的姿态，这样或许一时能感到得意，却可能会损失无价之宝——友谊。

留一只耳朵听听自己

理想的交谈是，既了解对方说的内容，也可正确传达自己的意思。唯有如此，沟通才算成功。然而，在谈话结束时，可能会发生已大致明白对方所言，却忘记自己说些什么的情形。而这情形要是在聊天时，可不必介意，但如果在谈生意，恐怕将损失不少。

像这样的失败，以新进职员居多，这大概是由于过分紧张，而被对方的话吞没。明明很仔细听讲，也适当地提出问题，但交谈完毕后，竟然对自己的谈话模糊不清。

说起来，这种谈话称不上圆满。真正圆满的谈话，不仅需要用心听对方说话，还要以一只耳朵听自己的发言内容。

美国有位专门研究语言问题的学者曾表示："与人交谈时，需先评判自己所说的话，同时需准备另一个自己的头脑。"意思是，在谈话时，自己的脑中另有一个自己，也就是设定另一个自己，然后对这个自己说话。不管怎样，除了需要倾听对方说话外，也需仔细听自己发言，并牢记在心。

有一位讲师，为使演讲内容充实，通常都会设定三种听讲对象：自己；另一个自己；听众。而演讲主题则围绕在这三种听众身上，结果演讲大都能圆满成功。

有位建筑设计师，他与顾客洽谈时，也都会设定类似的三种情况。

建筑房子当然是按照设计图施工，但外行人根本不了解设计图，所以他就以具体的方式对顾客说明，如"外观是明朗的欧式""客厅向南、地板是木质”或“厨柜采用高密度板”等。如此说明不仅对方容易了解，也具有说服力。

这么说来，与人交谈时，必须以一只耳朵听对方说话，以另一只耳朵听自己发言，否则很难正确与他人沟通。

别太在意“我只对你说”

不久以前，一位朋友经不起推销员的游说，最终买下不需要的东西。据她描述，当时推销员是这样的。

那位推销员才介绍完产品的优点，就向看着产品目录而犹豫不决的她说：“干脆这样吧，我再减一成卖给你，但我只对你特别优待，你可不能告诉别人哦。”朋友听完这番话，以为并不吃亏，就高高兴兴地买下。但过了几天，她的女友谈起这事，才发现她们从同一位推销员身上，买下相同的公司、相同价钱的相同产品。后来打听附近的人才知，原来大家都用同样方法买下同样东西。也就是说推销员略施小计，诱导顾客购买昂贵的东西。

的确，类似“我只告诉你一人”的话太多。而明知与事实不符，却会对说话的人产生奇妙的亲近感，人的心理真是不可思议。

听了甜言蜜语，人的判断水准往往会降低。平时对人总是提高警觉，一旦碰上甜言蜜语的人，不免会撤除心中的藩篱。虽然欺诈案件时有所闻，但被害者却总是不断出现，而利用优越感刺激消费者购买欲的方法，也绝不会消失。

打开信箱，经常可见印着类似“你是被选中的幸运者”的宣传品。其实，这类宣传品都是大量印刷且大量散发，那种宣传文字，不过是利用消费者的优越感。

除非你们是知心好友，否则不会如此待你，这只是保护自己的手段罢了。

当然，不需强烈拒绝透露消息的人，避免伤害彼此之间的感情。何况有人没恶意，只是习惯如此说，因此不妨将它当作耳边风，不需太介意。

不懂装懂最糟糕

别人向你发问你也不懂的问题，回答“不知道”，的确会感到没面子。同理，人人都知晓的事实也同样很难开口，这都是因为害怕引起别人轻视，嘲笑自己“啊！连这么简单的事也不会……”

至于在工作方面，也会产生这种心理。例如召开会议时，总经理表示“有任何问题都可提出”，但出席会议的人都不吭声，谁也不提问题。一到会议结束，赶紧请教邻座的同事：“喂，小李，刚才总经理说的是什么意思？”结果对方却耸耸肩回答“其实我也不知道。”像这样的例子不在少数。这当然与一般人害怕一时的羞耻心理有关，所以才会不懂装懂。

不懂装懂的人很难进步。坦白承认不懂，并虚心求教才是明智之举。

我有一位朋友，就是因为虚心求教而获得生意上的成功。

他从中学毕业后，到从事目前的工作前，换过数种职业。而他向来坚持虚心求教的工作态度，绝不隐瞒自己。

比如，有顾客使用法律上的专有名词时，他会表明“这我不懂，但我会查明。”毫不隐瞒本身的学历与知识的短浅。长此以往，他的坦诚受人肯定，生意上往来的客户都对他刮目相看，从不怀疑他的商业信用。

当然，知识丰富强过知识贫乏，但不懂装懂最糟糕，如此不如虚心求教，听听别人的见解。

第四章

洞察：宁弃数子，不失先手

在围棋术语中，还有“先手”之说，并有“宁弃数子，不失先手”的定理。对弈时，首先要进行“猜先”，终局时执黑先行者计算输赢。这充分表明，在围棋比赛中先手能取得主动，先手能占得便宜，先手能获得优势。

机会时隐时现，稍纵即逝。因此，快速反应、先发制人而抢占先机者，自然掌握竞争主动，获得占先优势。这是古今中外管理人士的实践真知。但抓住机会，首先需要具备敏锐的洞察力去发现机会。

慧眼如炬，把握时势

每一波潮汐，都是大自然有形的呼吸。在潮起潮落之间，或许就孕育了一场生命的大躁动，完成一次历史的大跨越。人们常说："时势造英雄。"晚清巨贾胡雪岩则说："做生意，把握时势大局是头等大事。"没有相应的社会环境气候，就没有英雄成长的土壤和其他条件，真正的英雄必须学会驾驭时局，胡雪岩就是这样善于驾驭时势大局的顶尖人物。而要善于驾驭时势大局，前提是对局势的敏锐察觉。

华为，作为中国科技巨头，展现了慧眼如炬、把握时势的特质。面对全球化与数字化浪潮，华为不仅深耕国内市场，更积极拓展海外业务，推动5G、云计算等前沿技术的应用。其坚持创新驱动，每年将大量资金投入研发，拥有众多核心技术专利。同时，面对国际环境的复杂变化，华为展现出强大的应变能力，调整战略，优化供应链，确保业务稳定发展。华为的成功，不仅是中国企业崛起的缩影，更是中国智慧、中国方案在全球舞台上的有力展现。

有一天走在街上，你会突然发现在人群中开始流行某种你认为款式陈旧的衣服；或者走进酒吧，听到某句你听不明白的口头语；或者在公司里发觉大家都在玩某种你不懂的玩意儿。以上情况，似乎都像是"突然间"流行起来，而且有蔓延的趋势，很快大家都为之着迷，争相效仿。其实这只是社会趋势的一个模式，开始时，具有隐而不显的特质，一般人不易察觉，但触觉敏锐的人则能从中窥见其端倪。有些社会趋势，甚至会影响某些行业的盛衰。

例如，许多年前流行过的呼啦圈，“非典”过后在全国各地又异常火爆地流行起来。在“非典”令许多商家欲哭无泪、束手无策的时候，有眼光的商家却在盘算利用“非典”光明正大地发财。他们掌握了“非典”过后必然产生的健身热，将呼啦圈这一大众化的健身器材再次推出，结果造成的流行热度居高不下，令商家大赚一把。

美国企业家协会主席说过一句话：“成功企业家的共同特点，首先在于他们都有正确的判断力。”这个“正确的判断力”，或许就是人们通常说的“眼光”吧。这里面包括战略眼光、政治眼光、科学眼光、商业眼光、艺术眼光……总之，古今中外的一切事都可以同“眼光”相联系。我们赞美一个人，可以说他“高瞻远瞩”；批评一个人，则说他“鼠目寸光”，这都是在用“眼光”作为评判人物的标准。

不明朗的形势，不要主观臆断；非常明显的形势，不可以刻意违拗。“辨势”与“预势”是一对孪生兄弟，难以分割。“辨势”立足于当下已知，“预势”则着眼于将来未知。而将来的未知又和当下的已知联系紧密。只知“辨势”而不知“预势”的人，成不了大事——即使一时成事也容易在后来的日子里栽跟头。

战国时，楚国才子宋玉在《风赋》中云：“夫风生于地，起于青萍之末……”后人遂有“风起于青萍之末”这一成语，意为见微知著、一叶落而知秋。

在中国古代的历史长河中，有一个故事尤为引人注目，那就是“卧薪尝胆”。这个故事发生在春秋战国时期，吴国与越国之间，涉及两位伟大的君主——吴王夫差和越王勾践。

故事还要从吴国与越国的战争说起。吴国强大，越国相对弱小。在一次战争中，越国被吴国打败，越王勾践被迫投降。吴王夫差是个雄心勃勃的君主，他没有杀死勾践，而是选择让他作为自己的奴仆，以此羞辱越国。

勾践虽然身为奴仆，但心中充满了复仇之志。他深知，要想复仇，首先得学会忍耐和等待时机。于是，在吴国的宫廷里，他默默忍受着各种屈辱和苦难，同时也在暗中积蓄力量，准备复仇。

夫差为了羞辱勾践，特意在宫殿里放了一张床，床上铺满了柴草，这就是勾践的“卧薪之床”。每天晚上，勾践就睡在这张床上，用以提醒自己不忘国仇家恨。他还在床边挂了一个苦胆，每天起床后都要尝一口，这就是“尝胆”之苦。通过这样的方式，勾践不断激励自己，不断磨砺自己的意志。

经过多年的努力，越国逐渐恢复了元气，军队也变得日益强大。而吴王夫差则因为沉迷于享乐，放松了对越国的警惕。看到复仇的时机已经成熟，勾践果断地发动了对吴国的攻击。

经过一场激战，越国终于打败了吴国，吴王夫差也落得个身败名裂的下场。而越王勾践则终于实现了自己的复仇之志，他用自己的行动证明了“卧薪尝胆”的力量。

这个故事告诉我们，时势造英雄，但英雄也要善于把握时势。勾践之所以能够复仇成功，不仅是因为他有着坚定的意志和远大的志向，更是因为他能够准确地判断时势，抓住机遇。

同时，这个故事也告诉我们，忍耐和坚持是成功的关键。勾践在吴国宫廷里忍受了多年的屈辱和苦难，但他从未放弃过自己的复仇之志。正是这种忍耐和坚持，让他在最终取得了胜利。

“卧薪尝胆”不仅是一个历史故事，更是一个精神象征。它告诉我们，在面对困难和挫折时，我们应该像勾践一样，坚定信念，忍耐坚持，等待时机，最终一定能够取得成功。

社会局势的变化，往往蕴藏着巨大的商机。一个机遇如巨浪般翻滚而来，有人乘浪头扶摇直上，有人仍停留在波浪的谷底。随着机遇的翻滚，人与人之间财富的多寡、身份的高低，不断在发生变化。局势每来一次，社会的面貌就改写一次。

时势造英雄，富豪们最善于从细微处发现未来发展的脉络。香港巨富胡应湘在初涉内地商海时，和李嘉诚等联袂在广州兴建中国大酒店。胡应湘在经营中国大酒店的过程中，发现这所有1200个房间的饭店，在开始营业后，每天要消耗广州总电力的2%。此时，他感觉财神在向他招手。

当时的内地正步入一个经济发展的快车道，能源紧缺的问题一定会越来越明显。从中国大酒店的用电状况，胡应湘看准了投资电厂的巨大潜力与前景。

在他的精密筹划下，一所位于广东深圳沙头角，有两台35万千瓦发电机的发电厂，以破纪录的速度，在22个月内完工发电。这个投资约40亿港元兴建的项目，乃是香港与内地合作的一项重大成果，也是当时中国签署的最大的中外合作经营项目之一。

放眼看世界

站得高才能看得远，一个管理者如果想要成大事，没有本事和见识是不行的。成大事之人的一个显著特点就是目光远大、心胸开阔，所谓“放眼看世界”指的就是这种胸襟和远见。一个管理者如果鼠肚鸡肠、掂斤掰两，莫说成大事不可能，日常生活中的小事就会使他焦头烂额。

1．把眼光放远点

东汉末年，三国争霸之前，周瑜并不得意。他曾在军阀袁术手下为官，被袁术任命为小小的居巢长，不过就是一个小县的县令。

这时候地方上发生饥荒，年成既坏，兵乱间又损失不少，粮食问题日渐严峻起来。居巢的百姓没有粮食吃，就吃树皮、草根，饿死了不少人，军队也饿得失去了战斗力。周瑜作为父母官，看到这悲惨情形急得心慌意乱，不知如何是好。

有人献计，说附近有个乐善好施的财主鲁肃，他家素来富裕，想必囤积了不少粮食，不如去向他借。

周瑜带上人马登门拜访鲁肃，刚刚寒暄完，周瑜就直接说："不瞒老兄，小弟此次到访，是想借点粮食。"

鲁肃一看周瑜丰神俊朗，显而易见是个才子，日后必成大器，于是哈哈大笑说："此乃区区小事，我答应就是。"

鲁肃亲自带周瑜去查看粮仓，这时鲁家存有两仓粮食，各三千斛，鲁肃痛快地说："也别提什么借不借的，我把其中一仓送与你好了。"周瑜及其手下一听他如此慷慨大方，都愣住了。要知道，在饥馑之年，粮食就是生命啊！周瑜被鲁肃的言行深深感动，两人当下就交上了朋友。

后来周瑜当上了将军，他牢记鲁肃的恩德，将鲁肃推荐给孙权。鲁肃也因此得到了干一番事业的机会。

很多事情，当时看来好像是吃亏了，但或许正是你那时的付出，就会为今后的成功埋下伏笔呢！

2．把度量放大点

古人说宰相肚里能撑船，一个人没有容人的度量，便什么事也办不成。

春秋战国时期，孟尝君曾担任齐国宰相，家中养了许多食客，其中有一位食客与孟尝君的小妾私通。

有人向孟尝君报告情况，并进言说：“身为人家的食客，却与主人之妾私通，天理不容，理应处死。”

孟尝君闻悉，却说：“喜爱美女是人之常情，此事不宜再提。”此后，他不仅不再提及此事，反而对与其妾私通的食客施与恩惠。

一天，孟尝君招来这个食客，对他说：“你在我门下已有多日，一直没有适合的位置安排给你，时下卫国国君与我交情甚笃，我打算替你备好车马银两，送你到卫国做官去。”

那个食客不胜感激，连忙称谢。他到卫国后，受到卫王的器重，后来卫国与齐国关系紧张，卫国欲联合诸国一齐攻打齐国。

此时，这个曾受惠于孟尝君的人知道了消息，冒着杀头的危险向卫王进言道：“臣之所以来到卫国，全仗孟尝君不计臣的无能与过错，将臣推荐给大王。臣听说齐、卫两国的先王曾经约定，未来的两国子孙后代要世代友好，绝不能彼此攻伐。现在陛下却想联合其他国家一齐攻打齐国，这不仅有悖于先王的约定，也有负于孟尝君的一番情谊，恳请陛下打消攻打齐国的念头。不然，臣愿死在陛下的面前！”

卫王觉得他说得有理，而且特别佩服他的仗义，于是打消了联合诸国攻打齐国的念头，同时对这个忠义之士则更为重用。

西汉袁盎，早先曾做呈王府的丞相。当时，袁盎手下的一位文书却偷着与袁盎的一位爱妾私通。袁盎发现了，没有吭声。有人得到风声，就私下告诉袁盎，文书于是逃走了。袁盎追回文书，把小妾赐给他，待他还跟过去一样。

至汉景帝时，袁盎调离王府，入朝做了太常。有一次，他奉派出使吴国。当时吴国正准备谋反，就想先把袁盎杀掉，以免走漏消息。吴王派去500壮士，将袁盎的住处悄悄围住，袁盎却一点儿也没有觉察。这时袁盎的文书已成了吴王手下的一名军官，率领500兵丁包围袁盎的首领正是他。文书不忘旧恩，一心想怎么救他的旧主人。他弄来200罐子好酒，把手下500兵丁全部灌醉，然后连夜喊起袁盎，说："恩公你可以走了，吴王他要杀掉你！"袁盎说："你为什么要救我？"那人便说："我就是你当初的文书呀！"袁盎连夜逃走，得以保身。

面对这种情况，要说孟尝君与袁盎的心里一点儿嫉恨都没有那是不可能的，只不过利弊权衡，他们知道怎样做对他们更有利。

如果想成就一番事业，就肯定会有一定的牺牲、投入和付出，包括金钱、精力、时间，甚至家庭。把度量放大点，把目光放远点，只要是合情合理的投入，某个时候就会有产出。

3．点亮照明的蜡烛

机遇出现时并不大张旗鼓，甚至有时候，它会出现在你认为毫无希望的地方。

佛经上有这样一个故事希望能给大家一点启示。

弟子问佛祖："您所说的极乐世界，我怎么也看不见，又怎么能够相信呢？"

佛祖把弟子带进一间漆黑的屋子，告诉他："墙角有一把锤子。"弟子无论瞪大了眼睛，还是眯成小眼，仍然伸手不见五指，于是他只好说看不见。

佛祖点燃了一支蜡烛，墙角果然有一把锤子。

有时候，我们认为那里没有机会，很可能只是因为我们没有点燃那支蜡烛而已。

再举一个例子，英国有位名叫约瑟的老人，在异乡独自打拼大半辈子也没有取得多大成就。有一天，他看见一个介绍月球趣闻的电视节目，只见主持人煞有介事地在桌上摊开一张假的月球图，向人们侃侃而谈。

许多人看到这一幕，大概都没想到这里有什么巧妙点子，但是约瑟却忽然灵机一动，想到既然有地图，为什么不可以有月图？有地球仪，为什么不可以有月球仪？

善于观察的他猜想人们一定会对这个新玩意感到好奇，这样就可以赚到大钱，并且这又是个新兴市场，利润一定很高。

于是，他立即将想到的点子化为实际的行动，开始画图、印刷，同时在电台做广告销售他的月球图、月球仪。

果然，许多学校、科普协会等单位都来订货，这个退休的老人竟然办起了大型企业，现在全世界都有他的产品在销售，每年利润高达1400万英镑。

只要你懂得仔细观察，就会发现世界上充满着很多新奇的事物，然后加以付诸实现，你就能为自己创造许多的机会。

所谓观察，并非只是要在读书时注意观察，而是在日常生活中细心观察，随时关心周围发生的事情。只要你有敏锐的观察力，慢慢就会产生“对，就是那样”的感觉，在刹那间和自己的心意相通。

接下来，如果你能接连不断地想到“既然是这样，那么也可以……”的话，你就已经产生了创造力，最后就看你有没有把这个构想化为实际行动的毅力了。

你可以不必很聪明，也不一定要有高学历，但唯一不可缺少的就是你要有敏锐的观察力，它将是你建功立业的秘密武器。

机会在职场中

就像掘金要选一个富矿一样，管理者要想职位不断升迁也要擦亮眼睛选择一个合适的单位、合适的部门、合适的上司、合适的同事……

1．选择合适的单位

和人一样，每家公司都有自己的文化。有的凡事推托，办事效率慢；有的则是以赛车的速度前进；有的公司标榜传统；有的却喜欢标新立异，不按常理出牌。

要是可能的话，建议你尽量选公司文化和自己的个性比较相投的单位。假如你是个不拘小节的人，在IBM或大银行做事，可能不太顺心，因为你必须穿得非常得体，而且严守公司的规定。所以，你最好找一家完全不规定员工装束的公司，像硅谷的电脑公司认为规定员工的着装简直是在浪费时间。更有甚者，有些激进的公司甚至不反对他们的程序设计师穿着浴袍上班，他们唯一在意的是员工能否把工作做好。因此，现在有许多公司都拟定了弹性上下班时间，甚至工作地点也能随心所欲。他们只希望员工能如期完成工作，其他的行动一概自由。然而，还是有许多传统的公司执着于严谨的纪律规范和分明的等级制度。如果你想和高级主管商谈，就一定得先打个电话安排时间，随意进出他的办公室是绝对不允许的。

只有选择了与自己价值观相似的单位，你才能较快地得到上司及同事的认可。不巧的是，万一你进入了一家与你价值观不同的单位，如果你仍存在晋升的期望的话，出路就只有一条：委曲求全。

2．选择提拔机会较多的部门

在单位部门的选择上，建议你应当选择到那些提拔机会较多的部门工作。过去，宣传部门和工会提拔了不少人，因为当时政治教育和群众运动曾一度是中心工作；后来，科技部门、组织人事部门出了不少优秀的人才，因为这两个部门选人的起点都很高，平庸之辈一般是进不去的；前几年，经济越来越受到人们的重视，相应地，经济部门成为值得进去的一个部门；现在，随着数字化和信息化的快速发展，IT部门也逐渐崭露头角，成为许多年轻人竞相追求的工作场所。

3．选择上司

对于同时走上工作岗位的大学生来说，他们的起点基本一样。但是几年之后，他们在职务的晋升上就会拉开距离：有的晋升得快，有的晋升得慢，有的没有得到晋升。晋升得快的人在谈起他们的进步时，往往会把上司的帮助和提携放在首位；晋升得慢的人，则会对自己的上司流露出一种哀怨的情绪。可见，选准上司对获得晋升是十分重要的。

一般来说，上司是不能由自己选择的。但是，你可以创造条件去接近自己心目中认定的、比较理想的上司，并疏远那些不理想的上司。

在选择上司时，不仅需要看他们的思想意识、对部下的关心程度及提携部下的能力等，还要看你自己的意愿、想法以及你的兴趣。有一些人在工作中追求的是职务的晋升，有的则是追求比较安定的环境，有的是追求比较高的经济收入，还有的是为了事业的充实，也有的是图名声。各自目的不同，对上司的要求就不同，选择上司的标准当然就不一样。

4. 选择同事

在选择同事时，你应该选择心地善良、能力水平相当的人为好。心地善良的人不会加害于你，不会在你提升的关键时刻给你脚下使绊，让你栽跟头；如果你选择的同事处处比你强，而且又具有强烈的晋升欲望和竞争性，那在他们没有得到提拔之前，你就得永远步其后尘，你要越过他们则是极其困难的。

机会在生活中

在每个人的生活中都充满了机会：学校里的每堂课都是机会；每次考试都是机会；每位客户都是机会；每次教训都是机会；报纸上的每篇文章都是机会；商业活动中的每次交易都是机会……礼貌地对待别人，展现自己特殊的气质，诚实地对待他人、结交朋友都可能创造出机遇。每次承担责任所得到的锻炼和荣誉都是无价之宝。

有个小故事可以让我们更明白这个道理。查尔斯·耶基斯曾是费城的一名优秀经纪人，现在是西部城市的一位富翁。他的发迹是从经过一家拍卖商店碰到的一个机会开始的。在那家拍卖商店里，他看到好几箱母亲常买的香皂。于是，他匆忙地到另一家母亲经常光顾的商店，向那里的老板询问香皂的价格。老板告诉他每500克12美分。他继续与老板讨价还价，老板以开玩笑的口吻告诉他再也不能少了，如果他可以用9美分的价格弄来这种香皂，那么拿来多少这个老板都会收。耶基斯立刻回到拍卖商店，以每磅6美分的价格买下店内所有的香皂。他就这样在生意场上，赚到生平的第一笔钱。

还有个类似的故事。一天晚上，美国有个大学生正在一个小小的海港城市里辗转难眠，考虑自己是否该放弃学业，因为他没钱继续上学。此时他突然听到有人喊："失火了！"他赶紧冲出去，发现一艘货船被熊熊大火包围。他问刚好在附近的船主人："你为什么不赶紧救火好抢些货物回来呢？"船主回答说："不啦！火势太大了，我想没必要了，如果明天早上船上还能剩些东西，我或许会把它们捡回来。但到时候应该什么都不剩了。"

"既然如此，我用400美元跟你买这艘船上的货物好不好？"

"求之不得！"

这名学生立即召集几名同学和一些小镇上的人，同心协力地扑灭这场火。在接下来几天里，他卖掉从船上抢出来的东西，并因此赚了5000美元。在火灾发生的时候，船长认为这艘船抢救无望，但这个学生却当机立断，对事态的发展情况做出正确的判断，并得到了实质的回馈。

一名美国北方人由于久病初愈在家休养。一天，他用软松木为他的孩子削了件玩具。他的玩具做得很好，左邻右舍的孩子看了爱不释手，也都请求他帮他们做玩具。找他做玩具的孩子越来越多，很快地他便发现，自己原来正在从事这整个学区内的玩具零售业。因此，在他完全康复后，他开了家公司，从事大规模的玩具业，现在他的玩具在美国已是远近驰名。

堪萨斯城一位叫麦克斯威尔的女士，为了生计开创了一个擦鞋事业。她雇用许多擦鞋匠，并安排他们定点在城市里各个合适的角落工作。不久，她发现这个事业的净利是她当老师时的五六倍之多。在支付了必要开支后，若赚的钱还有盈余，她就会取出一部分来帮助那些不幸的人。她有计划地帮助那些擦鞋匠和街头流浪儿，他们因此成为她忠实的朋友。她可亲的举止与善心使得她的生意有口皆碑。这就是证明一个人可以活得更有价值的好例子。

机会在小事里

管理者要善于发现别人不能发现的细微之处，这也是成事的基本功。

有一位美国青年在某石油公司工作，每天的任务就是双眼瞪着机器：当石油罐在输送带上移动到旋转台的位置时，就会有焊接剂自动滴下、沿着盖子回转一周，一项工序就宣告完成了。

他每天的工作就是注视着这个旋转台，单调而乏味，似乎一个小孩都能胜任这份工作。

如果他这样年复一年、日复一日地工作，终究也只是一个碌碌无为的“小工人”，直至成为“老工人”，遇到经济萧条还免不了会下岗。他也曾经有过自己创业的念头，可是他想到自己没有其他本事，最后也只好作罢。

然而，这位青年平时遇事特别喜欢琢磨。他反复观察旋转台的工作状况，终于发现：罐子每旋转一次，焊接剂便自动滴落39滴，然后焊接工作便告结束。他想，在这一连串的工作中有没有什么可以改进的地方呢？如果将焊接剂减少一两滴能不能降低成本呢？

经过一番研究，他终于研究出了“37滴型”焊接机。但是很快他发现，利用这种机器焊接出来的石油罐偶尔会导致漏油。他并不灰心，接着又研制出了“38滴型”焊接机。这次效果非常理想，得到了公司的很高评价，不久就真的生产出了这种焊接机，工厂开始采用这种全新的焊接方式。

虽然这一改进只是节省了一滴焊接剂，可就是这“一滴”却能给公司创下每年5亿美元的利润。

这位青年就是后来掌握全美石油业95%实权的石油大王——约翰·D. 洛克菲勒。改良焊接机的行动彻底改变了洛克菲勒的人生轨迹。

一般人可能都会忽略身旁的小事，认为小事无足轻重，可是如果你能留意小事的缘由，说不定也能为自己赚来意想不到的财富。

举个例子，日本的池田菊博士很善于从小处着眼，想出重大的点子。

有天在家吃饭时，他用筷子下意识地搅了搅热汤，喝了一口问妻子：“嗯，味道很鲜美，用了什么佐料？”妻子回答说：“今天的汤是用海带煮的。”

小孩听了，突然插嘴说：“爸爸，海带为什么会有鲜味？”

在通常情况下，一般人都不会在意这个小问题，但是池田菊博士却认真地思索鲜味究竟是怎么来的。他开始分析海带的成分，经过多次加工提炼后，他发现了一种白色结晶的物质对调味很有用处，这就是世界上最早发明的味精。后来，他又从其他物品中提取出成本更低的味精，然后申请专利，开办工厂大量生产，为他带来巨额的利润。

找出原因，往往能有助于发现其中的奥秘，而给自己带来新的发现。如果因事小而不为或者根本不以为然，这只会使你与赚钱的机会擦身而过。西方某作家曾说：“对微小事物的仔细观察，就是商业、艺术、科学及生命各方面的成功秘诀，人类的知识都是由世代相传的小事情的积聚，也是从知识及经验的一点一滴汇集起来，继而积成一个庞大的知识金字塔。”

随时注意小处、对小处有深刻的认识，大处则自然不会被忽略，做起事来也会事半功倍。可能会有人认为拘泥小节是小人物的作风，但是如果能注意到细枝末节，也未必就成不了大事；反倒是有财运的人，往往是在小事情上也会十分专注。

成事的机会是流动的，你不知道什么时候会轮到自己，相信很多人都曾有过这种感慨。但只要你能多留意身边的小事情，照样也能获得很多赚钱的机会。

日本有个家庭主妇，每天在男主人早起时，都会立刻煮面给他吃，但若是晚起或在深夜，不论煮面或洗碗都很麻烦，这位主妇便想出一种不用煮面也能吃到面的方法，也就是使用一般的塑胶杯，将干面条放进去后，再用保鲜膜盖住，等男主人回来后，热水一冲即可吃到热乎乎的面。

男主人觉得这个构想很好，便与拉面公司联络，该公司觉得这个方法可行，便以100万日元买下其发明权，这也就是今天大家看到的速食面。

可见，成事的方法是无所不在的，作为管理者的你，不一定要有高深的学识，也不一定要有过人的天赋，但你绝不能缺少敏锐的观察力。

眼光独到稳抓商机

所谓商机，就是发展商品经济的市场机遇，也就是人们常说的商业机会。商机是从商者的生命线，对于他们来说，商机背后隐藏的是巨大的财富与无限美好的前景。波涛汹涌的商海大潮蕴藏着无尽的商机。然而，商机又是转瞬即逝的，这就要求管理者具备敏锐的洞察力，能够及时地识别它，并迅速把握住它。

商机广泛存在于社会经济生活中，但它的存在并不是显露的，也就是说，人们并不是一眼就能看到她的身影。她隐藏于纷繁复杂的社会生活之中，只有以敏锐的眼光、积极的行动，才能撩开她头上的神秘面纱，看见她俏丽的身影。

许多人在创业之初会问这样一个问题：现在做什么生意最赚钱？别人的回答五花八门，事实上，别人也难以说清楚这个问题。搞外贸和外国人做生意，拿的是美元，当然赚钱，但也有亏本的；擦皮鞋一元钱一元钱地收集，也有做成连锁店发财的。

创业如下棋，高明的棋手能以独到的眼光统观全局棋势，能看出之后许多步棋的步法。当然，“棋艺”的高明不是天生的，而是靠辛勤的练习、观察和思考得来的。

只顾眼前利益的人，只能走一步算一步。这种人若不逐渐拓宽自己的视野，很难成为一个真正成功的企业家。有一个发生在美国的真实故事。一个很穷的叫亨特的男青年真心实意追求一位名叫哈斯特的女子，但哈斯特的父亲却不同意女儿嫁给他。一天，亨特勇敢地向哈斯特的父亲求婚，但得不到应允。这位父亲很不客气地对这位穷青年说：“市场这么大，遍地是黄金，只有懒惰的人才会一贫如洗。如果你有本事，请在10天内赚1000美元给我看看。”

当时穷得连10美元都没有的亨特，为了争一口气，开动脑筋，整天整夜地思考赚钱的事。他苦思了几天之后，终于想出了用一小段小铁丝做成别针的小发明。亨特在大功告成之后，到专利局申请了专利，并很快把专利卖了出去，果真在10天之内赚到了1000美元。于是，他高兴地去见哈斯特的父亲，把怎么赚到1000美元的事一五一十地告诉他，心想这次一定大功告成。谁知哈斯特的父亲听完后不但不高兴，反而生气地说：“你这个傻瓜！你怎么能把一个有价值的专利轻易地卖掉呢？那足可以值上百万美元的。你这么没有头脑、没有眼光，哈斯特怎么能嫁给你呢？”

这个充满戏剧性的故事带给企业管理者这样的启迪：创业是一门学问，只有眼光独到、看得深远，你才容易发现赚钱的机会。

从来没有人会想到小小的纸盒也能赚大钱。赚惯大钱的东京人，对做纸盒这样的小生意向来是不屑一顾的。特别是书套纸盒这类玩意儿，价格低廉，没多少油水利润可赚。所以，纸盒行的老板们一向不插足这种生意，把它推给书籍装订商；而书籍装订商又一脚把它踢给了纸盒行。

书套纸盒实在太难做了，外观要求高雅漂亮不说，特别是尺寸要求不像水果包装盒那么宽松，也不像糕点盒那样留有较大的余地。它必须要求书籍跟书盒严丝合缝，稍有差异就是废纸一堆。

面对如此难题，日本东京有一个“傻瓜”却看到了创业的曙光。这“傻瓜”的憨傻之处，正是这一帮精明人疏忽之处。拿现在时髦的话来说，这正是一个市场饱和期新的经济增长点。

既然人们对书套纸盒的生产没有兴趣，那么就说明这一市场空间没有任何人前来挤占。只要自己能好好把握住，就能大赚一笔。于是，这个叫长泽三次的年轻人出手了。

众人对书套纸盒兴趣缺乏，主要在于它的制作要求太高，耗时费工。可是长泽三次却想了个鬼点子，把这套烦琐的工序简化了，把难事变得简单了。他首先准备拿书套纸盒的制作程序开刀，将它予以分解。他发现，整个看似烦琐的程序中只有1／10的部分需要熟练的技术，而其余部分，任何一个没有经过专业训练的家庭妇女都会做。把握了这一关键，从此，这生意就完全属于他了。

一个独具慧眼的观察力、一个技术秘密的分解，这使得人人退避三舍的行业变成了一个通过简单技术就能发财的热门行业。不过，即使有人发现这是一门赚钱的生意也只能望而兴叹，因为没人有长泽三次那样分解技术的能力。没几年，一无所有的长泽三次便坐上了全日本书套纸盒业的第一把交椅。随着审美眼光十分苛求的日本人对书籍包装无止境的要求，长泽三次的公司行情也更加看涨。

由此可见，成事需要独到的眼光，要善于从平凡的事物中捕捉商机。据《史记·货殖列传》记载：秦末战乱之中，各方豪杰争取金玉，而一个姓任的独自用地窖储藏米粟。以后，楚汉相战淮阳，“民不得耕种，米石至万，而豪杰金玉俱归任氏。”任氏致富的原因就在于他正确地预测社会形势对商业的影响，取得成功。又据《夷坚志》载：宋代绍兴十年七月，临安城烧起一场大火，一位姓裴的商人宁愿放弃自家在火灾区的店铺，组织人力四处采购建房材料。火灾过后，市场急需建房材料，朝廷给予免税优惠，因而裴氏借机经营建筑材料获得巨额利润，大大超过了自家店铺在火灾中的损失。裴氏正是因为眼光独到而因祸得福。

独到的眼光不是天生就有的，它建立在科学与理性的基础上。要想练就一双独到的慧眼，你首先需要研究以下四个方面：

1．社会热点

20世纪末，英国王子查尔斯准备耗资10亿英镑在伦敦举行20世纪最豪华的婚礼。消息一经传出，立即成为社会热点。而精明的商人都绞尽脑汁，想趁机赚一笔。糖果厂将王子、王妃的照片印在糖果纸和糖果盒上，纺织印染厂设计了有纪念图案的各种纺织品，食品厂生产了喜庆蛋糕与冰激凌，除此之外还有纪念章等各类喜庆装饰品和纪念品，就连平常无人问津的简易望远镜，也在婚礼当天被围观的人群抢购一空，众多厂家为此大大地赚了一笔。

社会在发展，热点层出不穷，只要你留心观察，在你的周围每天都会有大大小小的热点和公众的话题。20世纪90年代，奥运会热、亚运会热、香港回归热、足球热、股票热、房地产热等热点不断；你所生活的城市和社会也会有局部的热点，如鲜花节、啤酒节、旅游节、经贸洽谈会、申办卫生城市等。对政治家来说，热点是政绩和社会繁荣的象征；对普通市民来说，热点是景象，是热闹，是茶余饭后的话题；对精明的商人来说，热点就是商机，就是挣钱的项目和题材。抓住热点、掌握题材、独具匠心就能挣钱。同时，你也要注意潜在热点的预测和发现，在热点还没有完全热起来之前，就要有所发现和准备，在别人没有发现商机前，你能发现商机就更胜一筹。

拿出笔和纸，把你所感受到的当前的社会热点和潜在的热点一一列出，看看与热点相关的市场是否具有现实的、潜在的需求，这就是你挣钱的着眼点。

2．大家都在做什么

如果你既缺乏本钱、又没有什么经商的经验，你不妨研究一下大家都在做什么，先随大流也不失为一种切实可行的选择。看看市面上什么东西最畅销、什么生意最好做，你就迅速加入这个行业中去。当然，别人做能挣钱，并不见得你去做也挣钱，关键是要掌握入门的要领。为此，你不妨先给别人打工，向做得好的人虚心学习他们经营的长处，摸清一些做生意的门道，积累必要的经验与资金。学习此行业的知识和技能，发现他们经营中的不足之处，这有助于在你自己做的时候力争加以改进。

同样地，你可以拿出笔和纸，把你所观察和了解到的、目前大家都在做的项目一一列出来，然后分析一下这些项目对你来说的可行性。

3．生活节奏的变化

现代生活节奏越来越快，越来越多的人接受了“时间就是生命”“时间就是金钱”的价值观念。快节奏的生活方式必然会产生新的市场需求，用金钱购买时间是现代都市人的必然选择。精明的生意人看到这一点，做起了各种各样适应人们快节奏生活需求的生意。比如在吃的方面，方便食品和各种快餐应运而生，其市场潜力十分巨大。中国人口众多，随着人们生活水平的提高和生活节奏的加快，必然要求快餐食品品种更多、数量更大、服务质量更好，这方面市场拓展还大有文章可做；在穿的方面，由于生活节奏加快，人们偏爱随意、自然、舒适、简洁的服装，除非出席正式重要场合，较少穿着一本正经的西服；在行的方面，拥有私家车对先富起来的人来说已成为现实，出租业已由城市向乡村发展，围绕着交通和汽车用品市场展开生意，前景也十分广阔；通信业迅速崛起，各类通信工具不断更新，这方面的商品及服务需求也会不断增加。

另外，人们还可以围绕着适应生活的快节奏开展一些服务项目，如家务钟点工、维修工、物业管理服务、快递、送货服务、上门装收垃圾、电话订货购物、为老年人预约上门理发、看病治疗等都是可以进行的项目。

4. 人们生活方式的变化

人们在温饱问题解决之后，想到更多的是享受生活、追求个性美。围绕着生活方式、生活观念的改变，人们就会产生更多新的市场需求。

爱美之心，人皆有之。首先，人们会追求自身的美，希望能青春长驻、潇洒美丽，这以收入较高的城市中青年女性最为突出。她们需要各种各样的护肤美容商品和美容服务。除了女性之外，男性也爱美，男人用美容商品、进美容院今天也不是新鲜事了。不仅年轻人爱美，中老年人也爱美。人们不仅追求自身美，也关注与自身有关的美，如自己穿的衣服、用的东西、住的房间等也要不断追求美。围绕着人们对美的追求做文章，你会发现这方面的市场潜力巨大。

人们不仅追求美，而且还会追求健康，身体健康长寿是每个人的良好愿望。围绕着人们追求健康长寿的心理也会有许多商机，如现在都市兴起的各类健身房、健美俱乐部、乒乓球馆、保龄球馆等。随着人们生活水平的日益提高，这方面的需求还会不断地增加。

人们物质生活富裕后，自然要求丰富多彩的精神文化生活。向人们不断提供丰富多彩、高雅的精神文化产品和相关服务也正逐步形成一种新的产业。双休日的实行，节假日的增多，给了人们更多的闲暇时光，而走出国门、到外面世界走走看看的人也越来越多，与此相关的旅游服务业和各种旅游产品的发展前景也十分广阔。

总之，社会在发展，人们的生活观念、生活方式在逐渐发生变化，认真地研究这些变化，研究它们带来的现实的需求和潜在的需求，这些将是你挣钱的着眼点。

像雄鹰一样俯视

广西的小伙子覃喜，在2003年春节后乘坐火车到了深圳。当时他怀揣10000元钱，一心想到深圳的城乡地带开一家小商店。等他到深圳一看，才发现10000元钱太少了，根本不够开店的费用。但他仍不死心，在深圳的各个工业区周围晃荡，试图接手一家便宜的小商店。

时间一天一天过去，覃喜始终没有找到一家合适价位的店子，他口袋里的钱也越来越少。

当他只有5000元钱时，他感到绝望了。他觉得深圳已不是他创业的地方，但他又不愿回家。无奈之中，他拨通了北京一位远房叔叔的电话，叔叔是北京一家服装店的老板。叔叔无意之中听覃喜说他在深圳世界之窗附近打电话，便追问世界之窗内是否有民俗园。在得到覃喜的肯定答复后，叔叔指引了一条生财之路给覃喜：把家乡的民族服装放到民俗园卖纪念品的小店代销。

覃喜听完后，到民俗园与几个店主谈妥代销的业务，然后坐火车回家乡，收购了一批质量上乘的壮族服装服饰，做起了服装生意。

由于覃喜是壮族人，能收购到价钱低而质量好的壮族服装，因此他的服装在深圳民俗园销路看好。几个月后，覃喜电告北京的叔叔，自己在深圳的生意已上正轨，供销两旺，并打算来北京的几个旅游点考察市场。

覃喜当初南下，一心想开一家小商店，因此其视野一直锁定在一个狭窄的空间里，幸亏叔叔一番话才让他如梦初醒，找到一项真正适合自己的生意。

这个故事带给欲成大事的人很多启示：比如多求教于别人，比如认清自己的长处。而最重要的启示就是：不要拘泥于最初的某一想法和打算，要跳出来对事情作雄鹰式的全局俯视。

不让变局逃出法眼

世上常发生这样的事：有的人正在干着很辉煌的事业，仿佛一切顺水顺风、如日中天，不料却变故突来，事业如大厦一般顷刻轰然坍塌、变为瓦砾，个人也因此从万众瞩目沦为不名一文，甚至成为乞丐或阶下囚。

难道说这突然的变故就没有一点发生的先兆吗？

其实，事情或好或坏的结果都有其产生的原因。比如说地震，我们知道在它发生前就会出现地光、地声，一些动物也会表现异常：鸡在半夜时分突然鸣叫，狗无缘无故地突然狂吠不止……

虽说人生无常，但许多的结局，我们还是可以从人们平日的所作所为、或与其交往的人、或所处的环境中看出一些蛛丝马迹，解读出能预示吉凶祸福的一些密码。下面为大家讲述李倓的故事，借以说明管理者具有洞察力的重要性。

李倓，唐肃宗李亨的儿子，被封为建宁王。李倓不但生性聪慧，英明果断，且武功超群，有万夫不当之勇。文韬武略的他深得军中将士的爱戴，大家经常在一起谈论他的才能和武功，说者津津乐道，听者如醉如痴。于是，肃宗皇帝想任命李倓为兵马大元帅，统领大军去东征。

丞相李泌知道后，对肃宗说："建宁王确实很有才能，从文从武上说，这次东征的元帅当非他莫属，但是有件事您不要忘了，他还有一个哥哥广平王在呢。您把全国的主要兵力都由建宁王带走，他又有很高的名望，那广平王会很不舒服的。如果此次东征失利，那也罢了，如果大获全胜，凯旋而归，建宁王和广平王谁轻谁重，天下人都会了然于胸了。"

肃宗摆手道，"先生大可不必为此担心，广平王乃是我的第一皇子，将来是要继承帝位的，他不该将一个元帅的位置看得太重。"

李泌回答："皇上所言极是，可目前广平王还未被立为储君，外人也都不知道您的想法。再说，难道只有长子才能立为太子吗？在太子未立之时，元帅之位就为万人所瞩目。在世人眼中，也就是谁当了元帅，谁就最有可能成为太子。假如建宁王当了元帅并在东征中立大功，到了那时，陛下您即使不想让他当太子，建宁王自己也不想当太子，可是，那些建功立业的将士们又岂肯干休呢？如果封赏稍有差池，他们便会借机实行兵变，拥立建宁王当太子，到时形势所逼，建宁王怎能推却？我朝初年的太宗皇帝和太上皇玄宗的例子，不就是前车之鉴吗？"

李泌的一席话，使肃宗恍然大悟，于是下令任广平王李俶为天下兵马大元帅，挂印东征。

身为丞相的李泌，通过唐初的玄武门事件，很快洞悉如果任命建宁王为兵马大元帅，会为将来引来宫廷政变，洞察力之强，使得一场纷争消弭于无形。

其后不久，肃宗渐渐昏庸，受到张良娣、李辅国迷惑，形势渐渐对丞相李泌不利，更对太子李俶不利。情况非常玄妙诡异。建宁王也已成为一个屈死冤魂。

这天，李泌对肃宗说："皇上，你我君臣一场，您知我没有功劳也有些苦劳，现在我年事已高，头脑昏庸，身心俱疲，不再适合做丞相了。请您允许我告老还乡做个闲人吧。"

肃宗大惊，"你我君臣患难多年，正该和我共同享福的时候，你为什么要离去呢？"

李泌答："细说起来，我有五种原因不可再留。此时您让我离去，等于免我一死。"

肃宗大诧："何为五不可留。"

李泌坦称："我与您相遇太早，委任我官职太重，宠信我太深，我功劳偏高，我的事迹太奇，是也。您此时不让我走，等于杀了我一样。"

肃宗大笑："先生太过虑了，你什么罪都没有，我为什么要杀你呢？"

李泌说："正因为现在您还没理由杀我，所以我才敢请求归隐山林啊。否则我又怎敢说？况且我说自己会被杀，原因不在您，是指上面的五种原因啊。"

肃宗说："是不是你要北伐，我没有采纳，你就生气了呢？"

李泌答："不是。我是因建宁王之死。"

肃宗道："建宁王听小人话，谋害忠良，想夺储位，难道罪不该杀吗？"

李泌道："建宁王若有夺位之心，广平王就会恨他，可广平王每次与我谈他，都替弟弟喊冤，泪流不止。另外，阻止他当兵马大元帅的是我，他应该恨我。可他为什么对我很亲善，认为我是忠臣呢？"

肃宗道："看来是我错了，但木已成舟，我不想再提他了。"

李泌道："过去的就过去了。我今天想给您念一首《黄瓜台》词：一摘使瓜好，再摘使瓜稀，三摘尤可为，四摘抱蔓归。您已摘下一个，千万别摘了。"

"太深刻了。我记住了先生之言。"肃宗答。

李泌和肃宗谈后，即遁入衡山……

后来虽有张良娣、李辅国中伤太子，但有李泌提醒肃宗在前，太子得以安然。

洞察能力强的管理者，不但能趋利避害，明哲保身，使自己的事业顺水顺风，而且还往往能通过一些现象，洞穿本质，避免误打误撞，空耗时间、金钱，有时甚至能兵不血刃而退敌千里。难怪，美国的霍姆斯说："瞬间的洞察力，其价值有时相当于毕生的经验。"

汉高祖刘邦，龙廷初坐，来不及享乐，北方匈奴又成了他一块心病：匈奴大举南侵，掠牛马烧房屋，杀人越货，气焰嚣张。为了除此心腹大患，刘邦遂率大军30万，御驾亲征。

这日，大军进入白登山（今山西大同市北），被匈奴单于冒顿早已埋伏好的几十万剽悍人马围住，左突右冲昼夜混战7天，汉军死伤无数，血水染红了厚土，且断粮缺草，情形已相当危急。

到了第八日，刘邦正于帐中紧锁愁眉苦思良策之时，谋士陈平忽然求见。

"启禀皇上，臣有一计，不知可行否？"

"快快请讲！"刘邦此时正心急如焚，赶忙询问。

陈平上前向刘邦附耳道："臣昨日听探子报，说冒顿这个人喜好女色，一日也少不了美女，偏偏他夫人阏氏又是一个出了名的醋坛子，一阵河东狮吼，倒也能将冒顿镇住。因此冒顿每次南侵，她都要在左右监督，冒顿虽凶悍，但因有把柄握在其夫人手中，对她倒也言听计从，我计划……”

此时也没有其他更好的办法，于是，刘邦答应了陈平。

陈平与一使者做了一番精心准备，打扮成匈奴兵的模样，悄悄下山，混入匈奴大营之中，又潜到单于皇后阏氏的帐前。偷眼看去，见帐中只有阏氏一人，便掀起帐帘，走了进去。

阏氏见自己帐中突现两个陌生人，厉声喝道：“什么人如此大胆，敢私闯我的大帐？”

陈平上前一弯腰，朗声道：“恳请皇后息怒，我乃汉朝使者，特向单于讲和。”

阏氏一听是汉朝使者，说道：“单于不在这里，可到前帐找他。”

陈平轻声道：“遵命，只是我这里有汉朝皇帝送给皇后您的礼物，我想请您过一下目。”说完，陈平从使者的兜里掏出许多金银珠宝及各种名贵饰物。

这些珍宝甫现，便流光溢彩，满帐生辉。阏氏两眼顿时放光，轻轻地拿起来，抚摸着，口中惊叹不已，看来这些珍宝对久居漠北的她产生了很大的诱惑力。

一旁正在察言观色的陈平见火候已到，便说：“皇后，我们汉朝皇帝听说单于喜欢美女，特意挑了300名，准备送给单于。这幅美人图，便是请单于先看样子的，如果单于满意，汉朝可是美女如云，不过先请皇后过过目，以防真送来了，连您也看着不顺眼。”

陈平说完，将一轴画卷徐徐展开，只见画上美女，真有沉鱼落雁之容，闭月羞花之貌，肌肤胜雪，千娇百媚。

阏氏本就对冒顿喜欢美女放心不下，又气恼不过，听了陈平一段话，又见了美人图，心中不禁醋意大发。她想：怪不得单于每每都要攻掠中原，原来醉翁之意不在酒啊！倘若他见到了这些美人，哪里还有我的好日子过？

阏氏气得浑身发抖，脸都变了颜色，但有汉朝使者在，只得咬着牙不发作。

陈平见阏氏中了自己无中生有之计，心中甚喜，便对她说：“时间紧迫，我们皇上那边还等复命。您是否请单于过一下目，也好退兵啊！”

阏氏连忙说：“不必了，你们将礼物放在这，可以回去复命了，我让单于退兵就是了。”

陈平进而道：“皇后，这可是军国大事呀，还是请单于当面定夺才好。”

阏氏大怒，双眼一瞪：“怎么，来使莫非信不过我吗？”

陈平装作诚惶诚恐的样子：“岂敢，只是——”

“休要废话！我说退兵就退兵，单于照样得听我的！”阏氏恨恨地说。

陈平连忙点头称是，转身退出，悄然回到汉营。

刘邦听罢陈平的叙述，对匈奴退兵还有些将信将疑。待到第二天天一亮，发现匈奴人都不见了，刘邦对陈平说：“陈平啊陈平，你简直就是阏氏肚子里的蛔虫，她的心思被你摸得一清二楚啊！”

有句成语叫见微知著，意思是从细小的枝节上能看出大问题，这就需要练就很强的洞察力。

对问题洞察得越透彻、越明晰，就越能找准解决问题的切入点，掌控事情的发展。只有这样，才能有的放矢，百发百中。

要想使你的管理生涯处处闪烁智慧之光，修炼洞察力是十分重要的。

在第一时间掌握选择时机

时间，在所有决定的要素中，有时是最重要的。

基本上，所有的决定都有时间上的限制，只是时间的长短不同罢了。我们在日常生活中遇到的问题，通常都需要在一定时间内做出决定。其中有一部分的决定，更需要在问题发生的当时马上做出，一分钟也不能耽误。因此，做决定时掌握“第一时间”是很重要的。

所谓的“第一时间”，并不见得是最快、最急的时间，而是“最适合当前的决定，能为当前的决定带来最大效益的决定时间”。

第一时间所考虑的最大效益主要有两个层面。

1．决定品质的最大效益

有时，我们做出决定的时间越短，对我们就越有利。但是，如果我们只是为了讲求时效而忽略了这一决定的品质，即使时间再快，它仍然是一个错误的决定。因此，做出决定的第一时间，也就是我们准备做出最好决定的最短时间。

2．决定时机的最大效益

决定的时间效益除了要迅速之外，也必须讲求时机。所谓“时机”是根据客观环境而定的决定时刻。有些决定可能在短时间里做出，也十之八九可以成功，并且会带来很大的效益；但有些决定却必须要在一定的时间点做出，才能算是成功。这时候，不管你是早点或是晚点做决定，都是不好的。

那么，第一时间该如何掌握？

不同的决定有不同的第一时间。如何掌握第一时间其实并没有一定的模式，必须要看这个决定的时间有多少，急不急？如果真的十万火急，不待思索就下决定也是情有可原的事；如果不是那么紧迫，你做出决定的最短时间点就是你的第一时间。不过，有很多人因为太过心急，常常为了争取时效，在尚未考虑周详时就贸然下决定。这是一个很大的毛病，但大部分的人却常犯下这个错误。

《孙子兵法》说：“多算胜，少算不胜，况无算乎？”它告诫人们如果时间许可，奉劝大家尽量多算（分析研判），绝不可“无算”就想成功。另外，如何掌握第一时间，就更要看决定的性质及当时客观环境的变数。大家只要记住第一时间的时机原则——“能为决定带来最大效益的时间点”，做到随机应变、临场活用就可以了。

比方说，如果今天你开车去赴一个重要约会，不巧在路上车子抛锚了，眼看时间紧迫，这时你就要立刻、果断地做个决定：把车暂时停放在路边，赶紧打的士去赴约。你越快下决定，所得的效益就越大，因为这个重要约会对你的事业很重要，所以你要以准时赴约这个目标作为决定的主要考虑因素。这个时候，最快的时间也就是第一时间了。

至于和决定时间的快慢没有关系的“最佳时机”，则可能在电影小说里出现得比较多。不过，在日常生活中也是存在的，如买卖股票、投资房地产、期货买卖等。这些理财投资的决定，最大的关键和效益点都在于做决定的“时机”，而不是“时间”。

假如你看上了一套音响，对外形和功能都很满意，就是价格太贵了点。这时销售员一再催你赶快买下来，并煞有介事地说如果等这批卖完，以后再想买就没有了。这时，你可以先把销售员的话当作耳边风，因为买音响没有时间上的限制（除非你不买会度日如年）。你最好多逛几家店去比较一下，或者多看看网上有没有相关的信息。最重要的是，你要注意最近有没有哪家电器连锁店有特价打折活动，如果有，店家开始特价折扣活动的那一天，就是你的“决定时机”了。至于这个决定时机是不是获益最大的“最佳时机”，那就要看你的时间考虑了。如果你可以等个两三年再买，那么你的“最佳时机”可能是两三年后；如果你设定近期内需要这套音响，那么你的“最佳时机”就是这次的决定了。

由此可知，有些决定不能等，有些决定是急不得的。第一时间就是你做决定的时间依据，有了这一依据，你才不会白忙一场，弄得赔了夫人又折兵。

不得已时要弃车保帅

从“细节决定成功”这一点来说，人生中的每个决定都很重要。但是，如果有一天同时有好几个问题出现，而且同时要你做决定时，作为一名管理者，你该怎么办?

这个时候，请你选定一个最重要的决定，然后集中火力去做。其他的决定或许对你也很重要，可是你一次只能做一个决定。因此，其他决定就只能摆在第二顺位，如果时间不允许，那就放弃吧！这就是所谓的“弃车保帅”战术。

例如，你正在做菜，汤煮沸时，楼下正好有人按门铃，而你的孩子也正巧在这个时候打破一个杯子，手被划破了，血流不止。

这个时候，你必须选择一件最重要的事情，先去处理这件事情，再处理第二件事情。也就是说，在第一时间里，你只能决定一件事情。

此时你一个人在厨房，同时听到孩子的哀叫声和门铃声，你应该先把煤气灶上的火关掉，接着去看孩子出了什么问题，最后再去开门，看看是谁在按门铃，就算叫门的人等得不耐烦走掉了也没关系。

像这样的先决定一个最重要的目标，其他的不是排在第二顺位就是放弃的做法，就是“弃车保帅”战术的一个典型例子。

让我们再深入地分析一下这个例子，先处理已沸腾的热汤是个正确的决定，因为不管孩子有什么问题，一旦沸腾的汤水浇熄炉火，就很可能使燃气外泄，造成天燃气中毒或爆炸等更大的危险。更何况，关掉燃气所花费的时间短到基本不会妨碍对小孩的照料。

通常在这种情况下，第一时间让你思考的或许只有几秒钟，如果你下意识里没有这种“弃车保帅”的反射模式，加上又急又慌乱，就很容易把事情搞得一团糟，甚至酿成悲剧。有些火灾或燃气外溅的惨案，都是家庭主妇在面对这类同时而来的问题时，慌了手脚造成的。因此，不管你面对的问题有多重要、多紧急，你一定要先决定最重要的事项，这样才能将损失减至最低，或将收益升到最高。

别为小事伤脑筋

每个人的精力都是有限的，管理者要能够运用有限的精力创造无限的利益。

在日常生活中，我们总会遇到一些烦心的事，在面对这些鸡毛蒜皮的小事时，千万不要做一些对思考无益的行为，这会白白浪费你的精力。

有些人一遇到问题，不是针对问题本身去分析、判断，反而绕着圈子，或者直嚷着“悔不当初”，或者急于“翻旧账”、放“马后炮”，说什么早知道会这样之类的于事无补的风凉话。最糟糕的是，某些人不正面去解决问题，就只知道推卸责任，把过错归咎给别人。

其实，这个时候，最重要的是我们要根据问题本身去做出合理的判断和选择，决定下一步该怎么做，才能解决事情或是把损失减到最小。一味地翻旧账、推责任，不但不能解决问题，反而会浪费大量的脑力和精神，就算最后你想静下心来做决定时，估计你也已经精疲力竭。

为什么会有这种不针对问题、拼命浪费精力的现象发生呢？根据国外心理学家的研究显示，对自我能力没有信心的人，在遇到事情和问题时，有的人会跳过问题的核心、先用模棱两可的事情和说法来模糊问题本身。换言之，这些人事实上是对自我缺乏信心，自觉没有能力去做决定、解决问题。但是，情势又不允许他们逃避，在这种情况下，他们一遇到问题，就用各种迂回的手段来模糊问题焦点，希望能将大事化小、小事化了，心想反正过一阵子，大家就会忘记了。这种故意浪费精力在不相干事情上，做一些没有建设性的思考的行为，事实上是一种有意图的逃避。

我们的精力有限，就算倾注全部的精力来做出决定，在品质及各方面的考虑上尚有不完善之处，更何况浪费这么多无谓的精力，这当然做不出什么具体有建设性的决定了。

如果你想有效地做出一些好决定，在面对一个复杂的问题时，就一定要事先规划一下自己的思路。如果需要去考虑、分析的事项有十件，你就要把几个对决定影响不大或是没有建设性的事项删除，不要多费精力去思考那些无关紧要的问题，把剩下的精力用在几个关键点上，这样成功做出好决定的概率才会增加。

比方说，有一天你开车上街，不小心撞到别人的车，对方下车要找你理论。这时候，你不要再去怪自己太不小心；或是怪上个星期小张向你借车，弄松了刹车没修好；也不要怪交通太乱……你应该集中精神决定下一步该怎么做，不管谁对谁错，不管对方是凶神恶煞还是想恐吓勒索，你应该尽快做出决定，通知交通警察来处理，接着通知保险公司前来帮你处理理赔事宜，这些事情都比任何埋怨与责怪来得重要。否则，你越是不敢面对问题、东拉西扯，事情就越解决不了，搞不好还会惹出是非。

事实上，每个人的聪明才智都差不多，那些成功的人都是充分运用精力去有效思考的人。

或许你以前不会很在意精力运用这回事，认为精力规划不重要，那是因为你还没有遇到一些繁杂琐碎的问题，或面临要一个人做出决定的机会。一旦等你遇到这种大场面，你没有习惯规划精力资源，就可能会做不出决定。就算你草率做出决定，它也不会是个好决定。

不要认为我们的精力是无穷尽的，电脑需要电力，我们的大脑也需要能量。尽全力掌握有限能量才是做出好决定的关键。

不做选择也是一种选择

如果你遇到一些问题真的很棘手，无法给自己一个时限去做决定，在这个时候，你就可以把眼前暂时解决不了、又不能丢掉的棘手问题先搁在一旁，等有空再回来好好“研究”。

事实上，这也是政府官员和一些企业高级主管在面对重大政策或重大问题无法解决时，最常用的一种处理模式。对于某些问题来说，这种“再研究决定法”是有其存在必要的，而且是相当有用的，它并非是一种敷衍推脱的借口。

“再研究决定法”在决定的目标上是以“决定的品质”为主要考量的，而以时间或是其他因素为第二目标。这也就是说，宁可多花一些时间，或者不计物资成本，也一定要把这个决定做到尽善尽美为止。通常这类决定，都是关乎众人利益，或是对社会、组织有非常深远影响的重要决定。因此，即使时间不多，你也不能忽略“决定的品质”。

如果你在生活中遇到这类“决定品质”重于“时间成本”和“其他决定成本”的决定时，你就可以运用这招“再研究决定法”来处理。

例如，你想换个房子，这对整个家庭，不管是家里的老人还是小孩来说，都是一件大事。你要考虑到你和爱人上班的便利性、孩子上学的问题，还有老人需要户外活动的空间，像是公园、社区活动中心等。对于这样一件影响重大的事，你的决定不仅是急不得，而且在没有达到一定品质时，一定不能妄下。因此，这个决定宁可从长计议、谨慎研究，花再长的时间也无所谓。否则，没有考虑清楚就贸然搬家，到时后悔也来不及了。如果你搬家是因为工作的关系，而且有时间上的限制，那么你就不适用采取"再研究决定法"了。

"再研究决定法"是专门处理一些疑难杂症的招数，就算这个方法到最后实际解决问题的概率不高，这也是很正常的现象。这是因为，需要再研究的棘手问题总是要经过一段长时间研究后，你才会发现这个问题根本"无解"。此时，你就要把这个问题列为"放弃决定法"的范围，决定放弃它。

这是处理所有问题的基本程序。表面上看来，"再研究决定法"没有什么效率，可事实上，它帮你把那些根本就不可能短时间内解决的恼人问题，全部"打包"处理，让你有时间和精力去处理那些有时效性或是较容易解决的问题。否则，你一天到晚忙于这些琐事，该研究的事情不研究，该放弃的"垃圾"不放弃，这势必会影响到你目前的生活品质。

该放手时就放手，避免骨牌效应

如果你遇到一些问题，真的是怎么苦思也无法做出决定时，那就不妨放弃这些问题吧！比如你想独自出国去玩，你就必须决定行程、时间和经费，可之前你根本没出过国，对一切事宜一无所知。在这个时候，你可以选择放弃独自行动，请有经验的朋友陪同或是干脆加入旅行团，不要在这个问题上面费太多心思。

再比方说，或许生活中有人会催你赶快做一个决定，像是鱼比较好吃，还是牛肉比较好吃？或是爸爸比较好，还是妈妈比较好？这种问题本身就有“问题”，你会如何回答呢？那就潇洒地放弃吧！因为，两个不同的东西如何做比较？比较之后又有什么意义呢？

有时候，对有些决定你知道如何去计划，可是这个决定的目标太大，或者成本太大，很不合效益，你就根本不需要浪费时间和精力去做这种“不可能成功”的无谓决定。

再比方说，有人提议要你加入一部电影的制作工作，对方预计电影制作费要募款高达几亿元人民币，并打算行销全球，甚至可能入围奥斯卡金像奖，名利双收。

在理论来讲，是有可能达到这种境界的，但实际上却有太多的变数。光是制作费的募款就很难达成，几亿元并不是一笔小数目；再说就算有了这笔钱，也不见得能拍出叫好又叫座的好片；即便是拍出了好片也不见得可以行销全球，更不用说进军奥斯卡。

由于这个计划的成本过高且变数太大，远远超出我们可以掌控的范围，因此与其花时间和精力去决定，还不如放弃它，这才比较实际一些。

“放弃决定战术”是个非常简单的方法，但是人们在使用它时一定要有良好的判断能力和果断的意志，否则将分不清什么该放弃，即使知道应该放弃又舍不得，这些都是失败的前兆。

事实上，人生最难的就是“割舍”；而相对地，人生最高境界在于“易舍处，舍得；难舍处，亦得舍得”的精神。而管理者正需要具备这种“舍得”的精神。

第五章

定位：何时当将军，何时做士兵

在职场中，我们要摆正自己的位置，明确定位。明确定位，意味着不刻意拉近与领导之间的关系，尊重领导的权威。明确定位，意味着“不在其位，不谋其政”。在下属和领导的关系中，服从是第一位的，但服从不是盲从，要辨是非，有自己的理解和思考。

在危机面前不做逃兵

直面危机，关注目前才是最重要的。那些不敢面对危机、在危机面前做逃兵的人，将是职场中的挫败者，人生中的平庸者。

福鼎·克多隆是圣地亚哥一名成功的商人，自从他有记忆起，文字就一直是他的克星。小时候上学，他总觉得书上的字母东跳西跳，永远也捉不到字母的读音。那时没人知道这叫阅读困难症。事实上，福鼎的左脑无法像正常人一样将文字之类的符号有次序地排列。

可怜的福鼎，他不敢开口告诉自己的老师自己面临这么大的难题。一年年熬过小学，又凭着在篮球场上的神勇表现进入了中学、大学。大学里，他还是对阅读怕得要命。为了混文凭，他到处打听哪一门课最容易通过。每堂课后，他一定立刻将在课堂上画的涂鸦给撕掉，免得有人跟他借笔记。

28岁那年，他贷款2500美元买了第二栋房子，加以装修后出租。后来，他的房子越买越多，生意愈做愈大，经过几年的经营，他已跻身百万富翁的行列。但没人注意到这位百万富翁总是去拉门把上写着“推”的门；而在进入公厕前，他一定会迟疑片刻，看有男士进出的门是哪一个。1982年经济不景气，他的生意一落千丈，每天都有人要对他提出起诉或是没收抵押物。他惟恐会被提去证人席，接受法官的质询：“福鼎·克多隆，你真的不识字吗？”

再这样逃避下去，福鼎的精神就要崩溃了。他要对自己、对所有人摊牌了。1986年的秋季，48岁的福鼎做了两个破天荒的决定。首先他拿自己的房子做贷款抵押，然后，他鼓起勇气走进市立图书馆，告诉成人教育班的负责人："我想学识字。"教育班安排了一位65岁的祖母当福鼎的指导老师。她一个一个字母地耐心教导他，14个月后，他公司的营运状况开始好转，而他的识字能力也大有进步。

他后来在圣地亚哥的某个场合里公开自己曾经是文盲的事实。这项告白惊掉了与会的200名商界人士的下巴。为了贡献自己的一份心力，他加入了圣地亚哥识字推广委员会，开始到全国各地发表演说。"不识字是一种心灵上的残障。"他大声疾呼，"指责他人只是徒然浪费时间，我们应该积极教导有阅读障碍的朋友。"

福鼎现在一拿到书本或杂志，或是见到路标，便会大声朗读——只要妻子不嫌他吵。他甚至觉得读书的声音比歌声更美妙。有一天他突然灵光一现，兴冲冲地到储存室翻出一个沾满灰尘的盒子，里面有一叠用丝带绑着的信笺——没错，经过25年，他终于能看懂妻子当年写给他的情书了！

福鼎应该当之无愧地被称为"强者"。尽管有过彷徨和逃避，他还是鼓起勇气直面自己所处的环境。而弱者却总是逃避问题，想尽一切办法把自己封闭起来。其实，一味地逃避问题只会让问题变得越来越糟糕，以至于最后会真的无法控制。

不要逃避问题，不要低估问题，当然也不要低估你解决问题的能力。遇到问题很正常，就像千千万万的人也会遇到问题一样。首先你要对问题真正了解，这样你才谈得上发挥自己的潜力来解决。而要了解问题，就不能逃避。

回避现实往往导致对未来的理想化。你可能会觉得，在今后生活中的某一时刻，由于一个奇迹般的转变，你将万事如意，获得幸福。一旦你完成某一特别业绩——如毕业、结婚、生孩子或晋升，生活将会真正开始。然而，当那一时刻真的到来时，却十分令人失望。它永远没有你所想象的那么美好。因为在回避现实的消极心态的阴影下，生活依然如故。

事实上，我们每天的进步都是明日梦想的阶梯。担当起每天的责任，认真地过好每一天，我们的梦想才有意义。梦想对于人类全体成员，都是一个可以触及的事物。不同的是，积极心态者用今日的行动把梦想变成目标，而悲观消极的人则把梦想当作逃脱责任的托词。

除了空想未来之外，怀旧也是对现实的一种逃避。这说明我们对自己没有信心，兀自停留在想象的美好之中。我们不敢正视现实，不敢担当责任，害怕竞争，恐惧失败。我们总是习惯性地用逃避来应付每一个问题，从来不考虑直接负责任的方式。

成功的人总是能够看到今日的责任和明天的希望，从不把过多的精力消耗在怀念过去“美好时光”的事情上，也不会去追悔过去的错误和失败，或者幻想将来的种种舒适与自由。道理很简单——在这个时光空间中，你所唯一拥有和把握的，只有“此时此刻”。

观音也有不如意，做将军也得靠自己

女作家张爱玲说过这样一句话：“人在最无助的时候最相信的人总是上帝。”职场上，压力与日俱增，人们的自信心却在一点一点地萎缩，由于对自己缺乏清醒的认识，他们更多地流露出一种迷茫和失落。这样的前提下，他们很容易把拜佛当作一种精神依靠，寻求解脱。如果放任这种现象蔓延，对人们自身的危害是显而易见的——他们很容易以此为借口来逃避困难和责任。

某人正在屋檐下躲雨，恰好看见观音菩萨撑伞路过。这人说：“观音菩萨，请度我一程如何？”观音说：“我走在雨里，你躲在檐下，屋檐下没有雨，你又何须我度你呢？”

这人听到观音菩萨这样说，立刻走出屋檐下，站在雨中：“现在我也在雨中了，菩萨应该度我了吧？”

观音说：“我还是不能度你。”

“为什么？佛法不是讲普度众生吗？”这人纳闷地问。

观音解释说：“你在雨中，我也在雨中，我没有被雨淋，是因为有伞；你被雨淋，是因为没有伞。所以不是我度自己，而是伞度我。你要想度，不必找我，请自找伞去！”

观音说完便走了，那个人在雨中被淋透了。

第二天，这人遇到了一件很棘手的事情，便去寺庙里求观音菩萨保佑。走进庙里，他发现观音的像前也有一个人在拜，而那个人长得跟观音菩萨一模一样。

这人好奇地问：“您是观音菩萨吗？”那人答道：“我正是观音菩萨！”这人又问：“那您为何还拜自己呢？”观音菩萨笑着说：“我也遇到了一件棘手的事，但我知道，自伞自度，自性自度，求人不如求己。”

作为一名高明的管理者要知道，遇到困难，当先自立，方能自强。他人只能帮助你一时，不能帮助你一世。但最终成就你的，只有你自己。一个人要想实现事业和理想，就应该凭借自己的力量与智慧自强不息，以脚踏实地、勤勤恳恳的态度去拼搏，去奋斗，努力挖掘出自己最大的潜力，不断地追求与创造。有一副对联说得好：“有志者，事竟成，破釜沉舟，百二秦关终属楚；苦心人，天不负，卧薪尝胆，三千越甲可吞吴。”相反，如果否认了自我，不通过发展自己的智慧与力量去开拓进取，反而一味地寄希望于他人，就永远无法在竞争中占据主动，也只能受制于人。也就是说，这样的你，永远当不了将军。

著名教育家陶行知先生曾写有《自立歌》，其中有云：“滴自己的汗，吃自己的饭，自己的事自己做。靠人、靠天、靠祖先，不算是好汉。”莫奢望有人让你依靠一辈子，父母难保百年春，丈夫或妻子也未必能永远为你撑起一片天。

有一种植物叫茑，它的身体又细又柔软，自己无法长高，只能沿着其他高大的植物往上爬。慢慢地茑的枝叶茂盛起来，还结了不少红黑的果实。一天，一个过路人见了茑，摘了一个果实吃。

“真甜啊！长得也漂亮！”路人的夸奖让茑听了十分得意。

后来，一个木匠上山砍树。他看了看被茑缠绕的那棵大树说：“这棵树做房梁正好！”

木匠拿出斧头，开始砍树。

“他会连我一起砍断！”茑很害怕。它想离开大树，可是它平时缠得太紧了，现在想离开也做不到了。最后大树倒下了，茑也跟着断了。

有人感叹说：“如果茑能够自己生长，就不会遭到刀劈斧砍的横祸了。”

正像俄国哲学家皮萨列夫所讲：“用自己的智慧开拓前程，永远要比通过鞠躬屈膝或者钻营拍马铺下的前程，更牢固，更广阔得多。”一个人唯有自立，方能自强。与其靠别人的施舍，不如靠自己去发愤，只有自己才真正靠得住。历朝历代，将军都是自立自强的人。他们不为大多数人的意见所左右，他们自己进行思考和创造。他们常常自己制订计划并付诸实施。

不要害怕温室外的风雨。依赖他人，追随他人，按照他人的想法去工作，自然要比自己动脑筋轻松得多。但若事事有人替我们想，替我们做，必定有害于我们事业的成功。要想在职场中成为将军，就不能依靠他人，而要依靠自己。主要依靠自己努力的人，才能得到真正的胜利。自立是开启成功之门的钥匙。当一个人挣脱束缚自己的心结，面对真正无限的自我时，他的能力会得到无限的发展，离当将军也就不远了。

因此，求人不如求己，要树立信心，坚定信念，变被动为主动，寄希望于自我才是最可靠、最有利的成功法则。

转变思路才能找到出路

“不以规矩，不成方圆。”这是古代的一句名言，是告诉我们规矩的重要性。但如果一个人过于规矩，认为规矩只能立而不能改变，那就进入了一种误区。萧伯纳说：“明智的人使自己适应世界，而不明智的人只会坚持要世界适应自己。”事实证明，当环境或者形势发生变化时，我们的思路也应该随之改变，否则就要吃大亏。

从前，有一个国王，只有一只好眼睛，一条好腿，另一只眼睛是瞎眼，另一条腿是瘸腿。有一天，他召来3个画家，命令他们给他画像。国王说：画得好的有赏，如果画得不好就要杀头。

第一个画家把国王画得很像：国王有一只瞎眼、一条瘸腿。但国王一看，气得直叫，说是有意出他的丑。于是叫卫士把这个画家的头砍了。

第二个画家把国王画得很美，好手好脚，很有精神，像一个美男子，但国王一看，气得更厉害，说画家是个善于逢迎的家伙。结果把第二个画家也杀掉了。

第三个画家见前面两个画家都被杀掉了，急得直冒冷汗，但他是个聪明人，画的画叫国王十分满意，国王赏给他很多钱。你知道这个画家是怎样画的吗？

原来，这个画家把国王画成在山上打猎的姿态，国王把猎枪搁在一块大石头上，一只瞎眼闭着，一只好眼瞄准，一条瘸腿跪在地上，一条好腿弓在前面。画家画了国王，却没暴露国王的弱点，所以国王很高兴。

如实逼真不行，善于逢迎也不行，有没有第三条路？当然有，那就是：在原则允许的范围内巧妙变通。

正所谓，有什么样的思路，就会有什么样的出路——思路决定出路。

1939年10月11日，美国白宫里正在进行一次具有历史意义的交谈。萨克斯受爱因斯坦等科学家的委托，正在说服罗斯福总统重视原子能的研究，抢在纳粹德国之前制造原子弹。

萨克斯一直等了两个多月，才得到了这次面见总统的机会，自然十分珍惜。他先向总统面呈了爱因斯坦的长信，接着读了科学家们关于核裂变的备忘录，一心想说服罗斯福总统。可是罗斯福听不懂那艰深的科学论述，反应十分冷淡。直到萨克斯说得口干舌燥，总统才说："这些都很有趣，不过政府若在现阶段干预此事，看来还为时过早。"

萨克斯心灰意冷地向总统辞别。这时，罗斯福为了表示歉意，邀请他第二天来共进早餐。这无疑又给了萨克斯一次机会。萨克斯心事重重，深知问题的严重性和紧迫性。纳粹德国在1939年春夏之间，连续多次召开了原子科学家会议，研究制造"铀设备"的问题，最近，又突然禁止从它的占领国捷克斯洛伐克出口铀矿石。如果数百万人的德国钢铁军团，再装备上在当时还绝无仅有的核武器，欧洲战局将难以设想。然而，美国政府对这潜在的威胁还一无所知。为此，萨克斯整夜在公园踯躅，苦苦思索着说服总统的办法。

第二天早上7点钟，萨克斯与罗斯福共进早餐。他还未开口，罗斯福就对萨克斯说："今天不许再谈爱因斯坦的信，一句也不许谈，明白吗？"

可是萨克斯用了一个办法，居然说服了罗斯福。

他想的是什么办法呢？

"我想讲一点历史。"萨克斯看了总统一眼，见总统正含笑望着自己，他说："英法战争时期，在欧洲大陆上不可一世的拿破仑，在海上却屡战屡败。这时，一位年轻的美国发明家富尔顿来到了这位法国皇帝面前，建议把法国战舰的桅杆砍断，撤去风帆，装上蒸汽机，把木板换成钢板。可是拿破仑想，船没有帆就不能走，木板换成钢板就会沉没。于是，他把富尔顿轰了出来。历史学家们在评述这段历史时认为，如果当时拿破仑采纳了富尔顿的建议，19世纪的历史就得重写。"

萨克斯说完后，目光深沉地注视着总统。

罗斯福沉思了几分钟，然后取出一瓶拿破仑时代的法国白兰地，斟满了酒，把酒杯递给萨克斯，说道："你胜利了！"

萨克斯热泪盈眶。他说，总统的这句话，揭开了美国制造原子弹历史的第一页。

这是一个有名的打破思维定式的例子。如果萨克斯仍是照老办法去说服罗斯福，那肯定不行。现在他打破思维定式，另想办法，用历史故事来说服罗斯福，结果是一举成功。

由此可见，让思路转个弯，让思路变个道，一念之差，一步之遥，就能化解不少问题，解决很多困难。

塑造积极的自我意象

我们知道，当一个人站在镜子前面观看那个镜子中的自己时，那个关于他自己的自我意象也随之产生了。这时，在他和那个镜子中的自己之间，他面临着两个选择，接受还是不接受镜中的自己。如果他能满意地接受那个镜子中的自己，他就会感到自信；如果他不能接受那个镜子中的自己，他就会感到自卑。信仰和接受可能就是那个架在他自己和那个镜子中“自我意象”之间的桥梁，只有通过这座桥梁，才能顺利地到达自信的彼岸。他在这一刻选择那个自我意象的方式可能将会最终变成一种命运般的力量决定他以后的生活。

20世纪最重要的心理学发现之一就是“自我意象”。这种自我意象就是“我属于哪种人”的自我观念，它建立在我们对自身的认知和评价基础上。一般而言，个体的自我信念都是根据自己过去的成功或失败、他人对自己的反应、自己根据环境的比较意识，特别是童年经验自然形成的。根据这些判断，人们心里便形成了“自我意象”。就我们自身而言，一旦某种与自身有关的思想或信念进入这幅“肖像”，它就会变成真实的东西。我们很少去怀疑其可靠性，只会根据它去活动。

自我意象，就是我们对自己的认识，对自己的画像。不管我们是否能够意识到，我们都存在非常详细的自我意象。它决定了你在生活舞台中的角色形象。你何时想当将军，何时想当士兵也由此而来。

我们在做任何事情的时候，都受到自我意象的影响，因为它在时时刻刻提醒我们：“你是一个……的人。”我们的意识收到这个信息后，就会去判断这样做可以、那样做不可以，从而做出各种决策。

自我意象是一个前提、一个根据、一个基础，由此而产生了我们每个人的个性、行为甚至社会大环境。如果你的自我意象就是一个能力低下、依赖别人的形象，那么你在做每件事情的时候都会对自己说：“这件事我做不来。”把本来可以完成的事情推给别人，一次次地丧失成功的机遇。相反，如果你认为自己就是一个精力充沛有能力的人，你就会主动去挑战危机。

有时，为了成功，首先要在思想上打击自己退却和懈怠的想法，把自己想象成为一个成功者。想象成为一个成功者，你才有成功的勇气。因为失败是不需要避免和争取的，它就在面前，而成功是要靠努力才能够获得的。

我们的心灵创造着周遭的世界，即使两个人肩并肩地徜徉在同一块草原上，一个人的眼睛看到的情景永远不同于另一个人所看到的情景。心理学家马尔慈说，人的潜意识就是一种“服务机制”，即一个有目标的电脑系统。而人的自我意象，就如同电脑程序，直接影响着这一机制运作的结果。

如果你的自我意象是一个失败的人，你就会不断地在自己内心的“荧光屏”上看到一个垂头丧气、难当大任的自我，听到“我是没出息、没有长进”之类负面的讯息，然后感到沮丧、自卑、无奈与无能，那么你在现实生活中便会注定失败。

另外，如果你的自我意象是一个成功人士，你会不断地在你内心的“荧光屏”上见到一个不断进取、敢于经受挫折和承受强大压力的自我；听到“我做得很好，而我以后还会做得更好”之类的鼓舞讯息，然后感受到喜悦、自尊、快慰与卓越，那么你在现实生活中便会自然而然地成功。

我们个人一切的个性、行为和言语方式都是建立在自我形象这个基础之上的。如果一个人从心理上逃避成功、害怕成功，在面对机会或挑战时，他就可能畏畏缩缩。这样，即使不是一个失败者，也是一个平庸之辈。

要想获得成功，就必须有一个适当、现实的自我意象伴随着自己，使自己能接受自己，拥有健全的自尊心。成功者应该不断地认识自己，不断地强化和肯定自我价值，真实地表现自我，而不是把自我隐藏或遮掩起来。

当这个自我意象完整而稳固的时候，“我”会有良好的感觉，并且会感到自信，会作为“我自己”而存在，自由地表现自己。如果它成为逃避、否定的对象，个体就会把它隐藏起来，不让它有所表现，创造性的表现也就因此而受到阻碍。

塑造积极的自我意象，改变郁郁寡欢的失败型个性不能依靠纯粹的意志力。必须要有充足理由和足够的证据确认旧的自我意象是错误的。不能仅仅凭空想象出一个新的自我意象，除非你觉得它是有事实依据的。正如爱默生说过的："人无所谓伟大或者渺小。"人的世界就是自己的世界。我们的价值就是我们心中认定的价值。

你并不比别人差

有一个女孩从小没了父亲，和母亲住在一个小镇相依为命。她们的生活过得很贫寒，小女孩从来就没有穿过漂亮的新衣服，她的衣服都是邻居送来的旧衣服。她的母亲甚至没有给她好好扎过一次头发，更别提给她买发夹和其他首饰了。

小女孩很自卑，老是觉得自己长得难看、寒酸，走路时总是低着头，害怕别人的眼光。她喜欢画画，一直希望镇上最有声望的画家能教自己画画。看着画家带着那些衣着光鲜、神清气爽的孩子外出写生，小女孩提不起勇气和画家打招呼。

在女孩12岁生日那天，妈妈破天荒给了她20元钱，允许她去买点她喜欢的东西。小女孩很兴奋，一时不知道该买什么好。最后，她紧紧握着钱，来到一家饰品小店，看上了一只标价16元的漂亮发夹。店主帮她戴在头上，对她说："瞧啊！你戴上这发夹多漂亮。"店主说完拿着镜子让女孩自己看，女孩从镜子里看到自己后，竟然惊呆了，她从来没有发现自己是如此的美丽，她觉得这个带花的发夹让她变得像天使一样美丽。

女孩不再迟疑，掏出钱买下了发夹。她内心无比激动与沉醉，接过售货员给她的4元零钱后转身就往外跑，结果由于激动不小心撞在一个胖胖的中年人的肚子上，但她没有停留的意思，继续往外跑。她的后面似乎传来绅士喊她的声音，但女孩已经顾不得这些了。一路上，她有点飘飘然的感觉，而且她没有顺着来的墙角走，而是堂堂正正地走大路。她感到街上所有人都在看她，好像都在议论："瞧，那个女孩真是太美了，怎么从来不知道镇上有个这么美丽的女孩。"

迎面走过来她一直渴望结识的画家，奇迹发生了，那个画家竟然亲切地和她打招呼，并问了她叫什么名字。

女孩高兴极了，她想索性把剩下的4元钱再给自己买点东西吧，于是她又返回原来的小店。店门口，被她撞到的先生拦住了她，说道："小朋友，我就知道你会回来的，瞧，你刚刚撞掉了头上的发夹，我一直等着你来取。"

原来，走在街上的小女孩的头上并没有漂亮的发夹。可是，小女孩却因"发夹"而神采奕奕、魅力四射。可见，比漂亮的首饰更能装扮我们的是自信。

自信是个古老的话题。千百年来，人们出于创造美好生活的目的，都对信心抱有崇高的期望。19世纪思想家爱默生说："相信自己'能'，便攻无不克。"

如今，我们生活在竞争异常激烈的社会里，如果没有充分的自信是很难取得成功的。自信是开启成功的"金钥匙"。有了它，就算身处绝境，亦能柳暗花明。

无论在工作中还是在生活中，我们都要学会欣赏自己，把自己的优点、长处，统统找出来，在心中"炫耀"一番，反复刺激和暗示自己"我可以""我能行"，就能逐步摆脱"事事不如人，处处难为己"的困扰。"天生我材必有用"，自己给自己鼓掌，自己给自己加油，自己给自己戴朵花，便能撞击出生命的火花！

自信是一个人重要的精神支柱。自信是相信自己有能力实现自己既定目标的心理倾向。自信是建立在正确的认知基础上、对自己实力的正确估计和积极肯定，是心理健康的表现。战国时期毛遂因为有自信，才说服平原君，打动楚王，使得赵楚达成联盟；爱迪生因为自信，坚持不懈，成就了他"发明大王"的美誉；哥白尼因为自信，敢于挑战"地心说"，成就了他的"天体论"；阿基米德因为自信，发出了"给我一个支点，我就能撬动地球"的豪言壮语。

这里有个故事：维克多·格林尼亚年轻时是英国瑟尔堡地区很有名的一个浪荡公子。有一次，在一个盛大的宴会上，他像往常一样傲气十足地邀请一位年轻美丽的小姐跳舞，那位姑娘觉得受到了极大的侮辱，怒不可遏地说："算了，请你站远一点，我最讨厌像你这样的花花公子挡住我的视线。"这句话刺痛了维克多·格林尼亚的心，他在震惊、痛苦之后，猛然醒悟，对自己的过去无比悔恨，决心离开瑟尔堡，去闯一条新路。他在留给家人的纸条上说："请不要问我的下落，容我刻苦努力学习。我相信自己将来会创造一番成就的！"结果，经过八年的刻苦奋斗，他终于发明了以他的名字命名的"格式试剂"，并荣获诺贝尔奖，成为著名的化学家。

人并非天生伟大，将军也不是天生之才，而且也不一定在少年或青年时代就是出类拔萃的人才，而自信却能决定一个人是否走向成功。像维克多·格林尼亚这样的"浪子回头金不换"，不就印证了这个道理吗？

无疑，你可暂时放松你的理智和意志力，并完全敞开你的胸怀去接受无穷的智慧，思想是一个人有权掌握的唯一对象，你必须控制你的思想，使它尽早敞开以接受无穷的智慧和力量。乔·特纳维尔说："无论你的内心所怀抱着的意念和信仰是什么，它都可能成为现实。因此，切勿在通往无穷智慧的道路上自设路障，就像当阳光透过三棱镜时会分成很多道光束一样，当自信化作无穷智慧通过你的内心时，也会绽放出不同的光芒。"

自信不是夜郎自大、得意忘形，更不是毫无根据的自以为是和盲目乐观，而是激励自己奋发进取的一种心理素质，是以高昂的斗志，充沛的干劲迎接挑战的一种乐观情绪。自信，并非意味着不费吹灰之力就能获得成功，而是说战略上藐视困难，从一次次胜利和成功的喜悦中肯定自己，不断地突破自卑的羁绊，从而创造生命的亮点，成就事业的辉煌。

自信、自卑、自负是人的三种截然不同的心理状态。自信、自卑、自负三者之间没有绝对的界限，自信不足，则是自卑；自信有余，则是自负。自信是对自我价值的认可与坚守。自信是成功的基石，自卑和自负则是失败的滑梯。自卑是这样一种心态：对自己没有信心，看不到自己的优点，总拿自己的缺点与别人的优点相比，不能充分地认识自己，对自己过分贬低。自负则是这样的心态：对自己太过自信，看不到自己的缺点，优点是优点，缺点还是优点，并对自己盲目乐观。自卑和自负者不会成功，楚霸王自负而垓下惨败，关羽自负而痛失荆州，拿破仑自负兵败滑铁卢。

而因自卑导致失败的人就更多了。下面列举一例：

1951年，英国有一个名叫富兰克林的人，从自己拍得极好的DNA（脱氧核糖核酸）的X射线衍射照片上发现了DNA的螺旋结构之后，他就这一发现做了一次演讲。然而，生性自卑的他又怀疑自己的假说是错误的，从而放弃了这个假说。1953年，科学家沃森和克里克也从照片上发现了DNA分子结构，提出DNA双螺旋结构的假说，从而带领人类进入生物时代。两人因此获得了1962年度诺贝尔医学奖。

如果富兰克林不因自卑放弃，而是坚信自己的假说，进一步进行深入研究，这个伟大的发现肯定会以他的名字载入史册。可见，一个人如果做了自卑情绪的俘虏，是很难有所作为的。

由此可见，信心是一种精神状态，它是靠调整你的内心，让你去接受无穷的智慧，信心是“成功”的发电机，也是将你的想法付诸实现的原动力。我们应该有这样一种精神——不断挖掘自己的自信。

自信是一颗火热的太阳，使我们感受到它的温暖；自信是心底的一颗宝珠，什么时候用它，什么时候就会发光；自信是前进的助推器，给我们以勇气与力量；自信是征途的导航灯，伴我们跨过一道道艰险的门槛。

与优秀的人为伍

这是一场异常残酷的战斗。战斗结束后，将军十分赞赏地对一个士兵说："孩子，在整个战斗中，你最坚定地与我在一起，几乎没有离开我一步。"那士兵说："是的，将军！上前线的时候，父亲就告诉我，打仗的时候，紧紧跟着将军是最安全的！""你父亲是干什么的？"将军很好奇。那孩子说："他是个老兵。"

其实，不仅想保命的士兵要与将军在一起，想当将军的士兵也要寻找机会与将军为伍。有位哲人说过："跟优秀的人在一起，只会使你变得更优秀。"

犹太人古语有这样一句话：和狼生活在一起，你只能学会嗥叫；和那些优秀的人接触，你就会受到良好的影响。按此推理，如果两个优秀的人能走在一起，互相影响，做出的必将是壮举。无疑，保罗·艾伦和比尔·盖茨就为这一说法做出了最好的印证。

已过知天命年的保罗·艾伦，似乎一直以来都掩盖在比尔·盖茨的光环之下，人们只知道他和比尔·盖茨共同创立了微软，却忘记了正是他把比尔·盖茨引入软件这个行业。而就是这样一个软件业精英、富于幻想的开拓者、为玩耍一掷千金的豪客、总是投资失败却成功积聚巨额财富的商界巨子保罗·艾伦，却在创造着一个传奇——他有取之不尽的财源、独树一帜的投资理念，也有与众不同的成功标准。

1968年，与比尔·盖茨在湖滨中学相遇时，比比尔·盖茨年长两岁的保罗·艾伦以其丰富的知识折服了比尔·盖茨，而比尔·盖茨的计算机天分，又使保罗·艾伦倾慕不已。就是这样，两人成了好朋友，随后一同迈进了计算机王国。保罗·艾伦是一个喜欢技术的人，所以，他专注于微软新技术和新理念。比尔·盖茨则以商业为主，销售员、技术负责人、律师、商务谈判员及总裁一人全揽。微软两位创始人就这样默契地配合，掀起了一场至今未息的软件革命。

有人说，没有保罗·艾伦，微软也许不会出现，但如果不是托比尔·盖茨的福，保罗·艾伦也许连为自己的“失误”买单的钱都不可能有。而这并不是偶然，比尔·盖茨曾这样说过：有时决定你一生命运的就在于结交了什么样的朋友。换句话说，从某种角度而言，你与之交往的人或许就是你的未来。保罗·艾伦与比尔·盖茨就是这样互相决定了未来。

保罗·艾伦的成功得益于他正确选择了比尔·盖茨。但我们也不能不承认，保罗·艾伦本身独具一种超人的智慧锋芒。有人这样评价：如果没有抓住创立微软的机遇，保罗·艾伦可能只会是波音公司的一位工程师，或一家软件公司的雇员。而一不小心挣下亿万身家，这不是每个人都能做到的。与其说保罗·艾伦的一时冲动创立微软，不如说是他远见卓识。

任何为微软立传的人都不能回避那段历史：1974年12月，保罗·艾伦拿着新出的《大众电子》杂志，去给伙伴比尔·盖茨看关于世界第一台微机的报道，说服他一同创业，这才有了微软。比尔·盖茨的回忆中这样描述：“当时如果不是保罗·艾伦描绘的蓝图打动了我，也许我还会待在大学里。那么，以后所有的故事就不会发生了，我甚至怀疑自己当时是不是太过冲动。”

我们都知道，枝头上的葡萄果实累累，色香味诱人又甜美，都是因为能从树干上不断吸收营养；树枝本身是不能生存的，如果把树枝从树干上砍下，其结果一定是树枝的萎黄与枯死。同样，一个人的力量也是从人类的社会交往中得来的。

一个人从别人那里所摄取的能量越大、品质越好、种类越多，那他个人的力量就越大。假使他在社交上、精神上和道德上与他的同辈有多方面的接触，那他一定是个有力量的人。

人类好像“杂食兽”，身体和精神都需要各种食粮，而各种精神食粮，只有在和各式各样人们的相互交往中取得。世界潜能大师博恩·崔西指出：“不管在你的现实生活或是想象中，你习惯相处的那些人，会对你的目标有极大的影响力。”所以，你一定要谨慎地选择那些你愿意花时间交往的朋友，因为他们对你的思想、人格，以及发现在你身上的任何事情都会有影响。

你的目标应该是能够“与鹰共翱翔”，你的目标应该是要和你所知道的最好的人为伍。你要学会和优秀的人善良的人在一起，远离那些自暴自弃、没出息的人，他们每天习惯于浪费时间、牢骚不断，一逮到机会就抱怨没完，假如你习惯和这种人在一起，你就会变得像他们一样无所事事。

机会不是天外来物，而是人创造的，优秀的人显然会带给你更好的机会。更重要的是与优秀的人相处，可以学到优秀之人的处世为人之道，扩大自己的视野。从他们的经历中受益，不仅可以从他们的成功中学到经验，而且可以从他们的教训中得到启发。我们甚至可以根据他们的生活状况改进自己的生活状况，成为他们智慧的伴侣，这自然也会使你变得更优秀。

记住，与一个比我们优秀的人交往，其价值要远大于发财获利的机会，它能使我们去发展自己高贵的品格，能使我们的力量扩增百倍。

如何才能走出封闭的心境

改变行为可以改变心态，自信的行为可以帮助你走出封闭的心境。据专家介绍，下面这些行为是非常有效的：

（1）挑前面的位子坐，准备被关注和发言。你是否注意到，无论在教堂或教室的各种聚会中，后面的座位是怎么先被坐满的吗？大部分占据后排座位的人，都希望自己不会“太显眼”。而他们怕受人注目的原因就是缺乏信心。坐在前面能建立信心。把它当作一个规则试试看，从现在开始就尽量往前坐。当然，坐前面会比较显眼，但要记住，成功的过程和成功的结果都是显眼的：惧怕显眼就是惧怕成功。要不惧怕成功，首先要不惧怕显眼。

（2）练习正视别人。一个人的眼神可以透露出许多有关他的信息。某人不正视你的时候，你会不自觉地问自己：“他想要隐藏什么呢？他怕什么呢？他会对我不利吗？”不正视别人通常意味着：在你旁边我感到很自卑；我感到不如你；我怕你。躲避别人的眼神意味着：我有罪恶感；我做了或想到什么我不希望你知道的事；我怕一接触你的眼神，你就会看穿我。这都是一些不好的信息。正视别人等于告诉他：我很诚实，而且光明正大。要让你的眼睛为你工作，就是要让你的眼神专注于别人。这不但能给你信心，也能为你赢得别人的信任。

（3）加快步伐25%。许多心理学家将懒散的姿势、缓慢的步伐跟对自己、对工作以及对别人不愉快的感受联系在一起。同时，心理学家也告诉我们，借着改变姿势与速度，可以改变心理状态。你若仔细观察就会发现，身体的动作是心灵活动的结果。那些遭受打击、被排斥的人，走路都是拖拖拉拉，完全没有自信心。另一种人则表现出超凡的信心，走起路来比一般人快，像跑。他们的步伐告诉整个世界：“我要去做很重要的事情，更重要的是，我会在15分钟内成功。”使用这种“走快25%”的技术，抬头挺胸走快一点，你就会感到自信心在滋长。

（4）练习当众发言。一定要这样去做，因为这不仅是训练自信的必经之路，而且是成功必需的素质。许多人就是靠杰出的演讲技能走上成功之路的。所以，从技能上讲，无论怎样强调当众发言都不过分。拿破仑·希尔指出，有很多思路敏锐、天资高的人，却无法发挥他们的长处参与讨论。并不是他们不想参与，而是因为他们缺少信心。在会议中沉默寡言的人一般会认为："我的意见可能没有价值，如果说出来，别人可能会觉得很愚蠢，我最好什么也不说。而且，其他人可能都比我懂得多，我并不想让他们知道我这么无知。"这些人常常会对自己许下很渺茫的诺言："等下一次再发言。"可是他们很清楚自己是无法实现这个诺言的。每次这些沉默寡言的人不发言时，他就又中了一次缺乏信心的毒素了，他会愈来愈不自信。良性的循环是这样一种强化模式：尽量发言，就会增加信心，同时下次也更容易发言。所以，要多发言，这是信心的推进剂。不论是参加什么性质的会议，每次都要主动发言，或者参与评论，或者提出建议，或者提问题。而且，不要等到最后才发言。要做破冰船，第一个打破沉默。也不要担心你会显得很愚蠢。因为总会有人同意你的见解。所以不要再对自己说："我怀疑我是否敢说出来。"用心获得会议主席的注意，好让你有机会发言。

（5）开怀大笑。大部分人都知道笑能给自己很实际的推动力，它是医治信心不足的良药。但是仍有许多人不相信这一套，因为他们在恐惧时从不试着笑一下。真正的笑不但能治愈自己的不良情绪，还能马上化解别人的敌对情绪。如果你真诚地向一个人展颜而笑，那么他实在无法再对你生气。要记住，笑声、乐观、自信，这些词汇总是联系在一起的。我们常听到："是的，但是当我害怕或愤怒时，就是不想笑。"当然，看一部卓别林的影片，谁都笑得出来。笑的技巧是，遇到挫折的时候，释然一笑。这是重要的成功秘诀。

（6）不做"别人怎么看"的奴隶。你已经是一个成年人，你的决策是你自己的事情，只要不侵犯他人的权益，谁都没有权力控制你。做事情的时候，你要尽可能去倾听智者的建议，但做决定的还是你自己。

第六章

激励：让员工更积极

激励是用人的艺术，而激励下属的艺术则在于满足人才的志趣，任用有能力的人。在领导活动中，不妨运用个性奖励，多设几块奖牌鼓励他们竞争。以激发下属的潜能，创造高效的团体。

实施个性化奖励

许多奖励，如额外休假、发奖金、加薪等等，都会增加公司的开支负担。经费紧张的时候，可以采取另外一些奖励方法，如表扬、加重其责任、当着别人的面给予肯定、增进领导和下属的私人关系等等，这些也是很有效的刺激。运用这些方法能使下属期待领导的表扬或肯定，因而更加自觉努力地工作。

在中国，个性化奖励的实施逐渐受到企业的重视。以一家知名电商平台为例，该公司为了激励员工创新和提高工作效率，决定实施个性化奖励制度。

该公司首先对员工的工作习惯、兴趣爱好和绩效表现进行了全面调研。通过数据分析，发现不同员工对奖励的期望和需求存在较大差异。因此，公司决定根据员工的个人特点，制定个性化的奖励方案。

对于喜欢旅游的员工，公司提供了额外的年假和旅游津贴；对于热爱学习的员工，则提供了培训课程和进修机会；对于追求物质奖励的员工，则设立了高额的奖金和晋升机会。此外，公司还根据员工的绩效表现，定期调整奖励方案，确保奖励与贡献紧密挂钩。

实施个性化奖励后，该公司员工的工作积极性和创新能力得到了显著提升。员工们纷纷表示，这种奖励方式更符合他们的期望和需求，让他们感受到了公司的关爱和认可。同时，公司的业绩也取得了显著增长，实现了员工和企业的双赢。

通过深入了解员工需求，制定个性化的奖励方案，不仅可以提高员工的工作积极性和创新能力，还增强了企业的凝聚力和竞争力。

俗话说：重赏之下必有勇夫。许多公司采用高奖赏的办法来鼓励员工多做贡献，他们把高额奖赏送给达到或超越业绩目标的经理和营销人员，使全公司的人看清楚什么事对公司是最重要的。这样，每个员工就会明白，只有努力工作才能获得成功。

但是，有时奖赏规则会误导若干员工。无论如何评定，总会有人设法取巧。为了避免取巧，你至少要制定一套能激励大部分员工工作的制度。通常这种制度应奖励长期而非短期表现，而且要对团体和个人表现分别设定奖励规定。

设立小型工作组，再针对小组考核，可能是目前许多公司最能激发成效的做法。全世界经销福特汽车最成功的美国麻州唐·罗曼·福特发现，把技工和服务人员组成小组之后，车主的满意程度大幅度增加，这些小组都足以独立处理大部分问题，也可以使责任明确。通常，车主知道是谁在修理他们的汽车时，会比较放心。当小组工作出色被证明之后，他们的奖赏也相应地会提高。

但是有的公司却过分注重奖赏。而奇怪的是，老是给员工钱可能反而影响他们对顾客的表现。美国康宁公司主管品质的资深副总裁路德说：以前我们曾把因员工建议而多赚的钱和节省下来的钱，提出一成给建议人。但是，假如你是员工，你说你想出一种新打字机，可以替公司省下100万；我却认为你的想法只能替公司省1000元。于是你想拿10万元奖金，我只想给你100元。这种事情会造成很多的误解，而且蔓延得很快。

职位提拔激活人心

职位的提升对人才的培养有很大的促进意义，在此过程中，必须注意提升的方法与时机。日本管理大师畠山芳雄曾经亲身感受过这样一件事。

日本某设备工业公司材料部有位名叫S君的优秀股长，因为精明能干，科长便交给他很多工作，而股长自己还有许多其他工作，诸如同其他部门协作，自觉建立原单位的管理系统等。S君工作积极、人品好，深受周围同事的好评。畠山芳雄也认为他是很有前途的。

然而，时隔数年，当畠山芳雄再次到这家公司时，竟发现S君变得判若两人。原认为S君已升任经理了，谁知才是个小科长，而且离开了生产指挥系统的第一线，只充当一个材料部门的有职无权的空头科长，没有正经的工作，也无部下。此时的S君，给人的是一副厌世者的形象。

为什么会出现如此让人意想不到的变化？畠山芳雄经过调查，才明了事情的真相，原来十年之间，S君的上司换了三任。最初的科长，因为S君精明能干，且是个最靠得住的人物，丝毫就没有让他调动的想法。第二任科长在走马上任时，人事部门曾提出调动提升S君的建议，然而，新任科长不同意马上调走他，经过三个月的考虑，他气势汹汹地答复人事部门，S君是工作主力，如果把他调走，势必要给自己的工作带来最大的威胁，因此造成工作的损失他是不负责的，甚至挑衅地问道："……是不是人事部门要替我的工作负责？"这样，哪任科长都不肯放他走，S君只好长期被迫做同样的工作，提升只能不了了之。

然而，随着时间的推移，他逐渐变得主观、傲慢、固执，根本听不进他人的意见和见解，加之他对工作了如指掌，就是对部下的意见也不肯听，可以说完全是在发号施令，独断专行、盛气凌人，不可一世。结果，使得哪个部下也不愿在他身边长久干下去，纷纷要求调走。而上司却认为，他虽然工作内行，堪称专家，然而却不适合担任更高一级的职务。正因为如此，使他比同期进入公司的人当科长反而晚了一步。从而使他变得越来越固执，以致工作出了问题，最终被调离了第一线。

谁有能力就用谁

领导在招聘员工的时候，要严格遵守“实践经验第一”的原则，一个人的学历再高，一旦进了公司，也必须从基层做起，看他是否做得好，是否有责任心，是否胜任。如果这些最基本的条件都具备，那么就放手让他去发挥自己的才干。这样由基层磨炼出来的员工，素质较高。看员工，首先要看人家的长处，用人所长，同时也要耐心地去训练、教育与培养，使之都能胜任本职工作。

员工初来公司后，都需要从基层做起，提拔干部，也尽量从本公司的人员中物色，隔几个月由领导对员工进行一次考核，然后根据考核结果决定晋升人员，哪怕是最普通、最无背景的小科员，只要有能力，有本事，考核合格，也能得到提拔。所有这些做法，都会极大地激励员工，调动员工们的积极性，从而使他们都能出色地完成公司交予的各项任务。

韩国企业家李秉喆从1938年3月1日艰苦创业筹办三星财团的前身三星商

会起，在近70年的经营企业生涯中，历尽艰难险阻，把“三星”从一个小本经营的贸易商行发展成为一个拥有24个大企业的世界性大财团，而且还创办经营了许多文化事业，为“三星”和韩国创造了大量的物质财富和丰富的经营思想。同时，他在创办和经营企业以及文化事业的过程中，还总结积累了“事业报国”“人才第一”“合理追求”的方针。他要求每一个领导在决定提升员工时，都要做是否该“提拔，再提拔”的周详考虑，以确保人选的合适，这样做不但利于鼓励他们，更是为了讲原则而不滥用领导大权。

三星财团一位会长在回忆一段往事时说：“还是在我担任第一毛织总务部长的时候，有一天，突然接到一个任职令，让我到新世界百货店去当领导，实际上，那时我还是个连在新世界百货店卖东西的经验都没有的从山沟里出来的人，并且又是在百货店处于经营情况不好、经营出现赤字和发生事故的时候。”李秉喆为什么会任命这样一个对百货店经营毫无经验的人去做负责人呢？这其实是他的一种独特的培养人才和使用人才的方法。只要是他看准了的人，就大胆提拔任用，如果提拔以后，还有潜力，就继续提拔，给有才能的人提供最大限度发挥潜能的机会。这个新世界百货店的经理虽然只是个既无技术又无资历来自乡下的普通人，但是，由于他能力强，被看中，所以受到重用。他进厂仅2年就被任用为第一毛织的一个厂的厂长，不久又被接连提拔为总务部长、新世界百货店经理、社长等职。在三星，像他那样被提拔、再提拔担任重要职务的事例是很多的。

当然，李秉喆并不是把人才提拔出来，全权委任工作以后就不管了，而是把人才放到新的岗位上继续培养，关心和支持他们的工作，满足他们的要求，为他们创造各种条件，更充分地发挥他们的才能。李秉喆一贯坚持的用人之道是“疑人不用，用人不疑”，只要是他信任并交给工作的人，就予以充分的信任，使其有信心充分发挥自己的潜力。

提升，是对员工卓越表现最具体、最有价值的肯定方式和奖励方式，提升得当，可以产生积极的导向作用，培养向优秀员工看齐和积极向上的企业精神，激励全体员工的士气。因此，领导在决定提升员工时，要做最周详的考虑，以确保人选的合适。提升还应讲求原则，不能凭个人的喜好而滥用领导大权。

提升依据是什么呢？一定要根据他过去工作业绩的好坏，这是最重要的提升依据，其余条件全是次要的。因为一个人在上一工作岗位上表现的好坏，是可以用来预测他将来表现的指标。切忌根据人的个性、你是否喜欢他的性格作为提升依据。提升不是利用他的个性，而是为发挥他的才能。这也是最公正的办法，不但能堵众人之口，服众人之心，而且能堵住后门，让众多“条子”失效，避免陷于员工间的勾心斗角。

这个道理虽然简单明了，可是许多人往往做不到，主要是因为他们习惯于跟着感觉走，被表面现象欺骗，以致失去了判断力。很多时候，提升一个员工往往是因为他同主管投脾气，主管喜欢他的性格。比如主管是个快刀斩乱麻的人，他就愿意提升那些干脆利落的员工；主管是个十分稳当、凡事慢三拍的人，就乐意提升性格审慎小心、谨慎万分的员工；主管是个心直口快的人，他就不提升那些说话婉转、讲策略的人；主管是个爱出风头、讲排场、好面子的人，就不喜欢那些踏实、“迂”的人。这是一个误区。另外还有一点，主管普遍喜欢提升性格温和、听他话的员工，对性格倔强、独立意识较强的员工不感兴趣。这样提升的结果，很可能用人失当。被提升者很听话，投主管脾气，也“精明强干”，工作却搞不上去，而且浪费了一批人才，一些性格不合主管意而又有真才实学的人却报效无门。

主管在提升员工时，千万要记住：不管你喜欢他的个性也好，不喜欢也好；也不管他个性乖戾、孤僻也好，温顺柔和也好，都不必过多地考虑，要把注意力集中在他们以前的工作业绩上，谁的工作业绩好，谁就是提升的候选人。

适度和巧妙地表扬员工

表扬作为一种激励方法，在企业人才的管理中具有重要的作用，也是优秀领导者在企业管理工作中经常运用的御人方法。但并不是每一个领导者都会表扬，有些领导者的性格本身就很冷漠，因此他对员工有什么优点常常看不到。对于领导者来说，善不善于表扬不仅仅是管理风格的问题，而且更多的是性格问题。

适度和巧妙的表扬，能够激发员工的工作积极性、主动性，使其日常工作中的良好行为得到巩固并发展，促使员工向好的方面转化。同时它还能激励所有的员工模仿这种被表扬的行为，使企业的风气越来越好。在企业中，领导者提倡的东西往往成为员工学习的榜样，能够起到带头示范作用。同时，员工对领导者的行为极为敏感，他们往往十分看重领导者对自己辛勤工作的关注与肯定。如果领导者注意他们的长处，并及时地向他们提出真诚和切实的表扬，他们往往能够对工作产生高度的责任感和自信心，同时会更加尊重和信任领导者，进而改善管理关系，提高管理工作效率，为企业获取丰厚的利益。

在表扬时必须注意表扬方法。表扬的方法有很多，最主要的有直接表扬和间接表扬两种。直接表扬也叫当面表扬。领导者在和员工见面的时候，对他的成绩和进步当面称赞几句，就能起到很好的激励作用；在日常工作的会议中，对员工进行表扬往往能够更好地起到示范作用。间接表扬是指表扬对象不在场的表扬，即进行背后表扬。间接表扬，无论是在会议上或个别场合大都能传达到被表扬者那里。这除了能起到直接表扬的激励作用外，还能使被表扬者觉得领导者对他的表扬完全是出于真诚的，是实事求是的，因而更能激发被表扬者的工作热情。

用共同目标引领全体员工

在现代企业管理中，共同目标的设定与实现具有至关重要的意义。一个清晰、明确且被广泛接受的共同目标，能够激发员工的积极性和创造力，推动整个组织朝着既定的方向努力。这样的目标不仅是企业发展战略的重要组成部分，更是凝聚员工力量、形成企业文化的基石。

首先，共同目标为全体员工提供了一个明确的方向。在一个多元化的团队中，每个成员可能来自不同的背景，拥有不同的专业技能和工作经验。共同目标能够将这些不同的个体凝聚成一个整体，让每个人都明确自己的工作重点和方向。这种一致性有助于减少内部摩擦和冲突，提高工作效率。

其次，共同目标能够激发员工的积极性和创造力。当员工意识到自己的工作与企业的整体发展息息相关时，他们会更愿意投入时间和精力，为企业的发展贡献自己的智慧和力量。同时，共同目标也为员工提供了一个展示自己才能的平台，促使他们不断学习和进步，以更好地实现目标。

最后，共同目标还有助于形成统一的企业文化。企业文化是企业的灵魂，它反映了企业的核心价值观和行为准则。共同目标作为企业文化的核心组成部分，能够引导员工形成共同的价值观和行为规范。这种统一的文化氛围有利于增强员工的归属感和忠诚度，提高企业的凝聚力和竞争力。

为了实现共同目标，企业需要采取一系列措施。第一，要确保目标的合理性和可行性。目标过高或过低都不利于激发员工的积极性，因此企业需要根据自身实力和市场需求制定合理的目标。这里涉及到两个关键因素：一是目标的合理性，二是目标的可行性。合理性是指目标要符合企业的发展战略和市场需求，可行性则要求目标在一定的资源和条件下能够实现。

第二，企业要加强沟通与协作。共同目标的实现需要全体员工的共同努力，因此企业需要建立良好的沟通机制，确保信息畅通无阻。沟通是团队协作的关键，它可以帮助员工消除误解，提高工作效率。此外，企业还应该注重培养员工的团队协作能力，鼓励员工之间的互助合作，共同解决问题。

第三，企业要建立有效的激励机制。通过设立奖励制度、提供晋升机会等措施，激发员工的积极性和创造力，为共同目标的实现提供有力保障。激励机制是一种管理手段，旨在调动员工的积极性、主动性和创造性，使其为企业的发展贡献力量。企业应根据员工的绩效、贡献和创新能力等因素，制定公平、合理的激励政策，使员工在实现个人价值的同时，也为企业创造更大价值。

在娃哈哈集团的发展过程中，宗庆后始终明确并强调公司的共同目标：为消费者提供高质量、健康、美味的饮品，同时推动中国饮料产业的发展。他通过制定长期和短期的业务计划，将这一目标分解为具体的任务和目标，并为每个部门和员工设定了明确的工作职责和绩效指标。

为了确保共同目标的实现，宗庆后注重团队建设和沟通协作。他鼓励员工之间的合作和互相支持，定期组织内部培训和分享会，提高员工的专业技能和团队协作能力。同时，他也注重与员工的沟通，倾听他们的意见和建议，及时调整和优化工作计划。

在宗庆后的领导下，娃哈哈集团不断创新和拓展市场，推出了一系列备受欢迎的饮品产品，如娃哈哈AD钙奶、纯净水、营养快线等。这些产品的成功不仅为娃哈哈带来了巨大的市场份额和利润，也为中国饮料产业的发展做出了积极贡献。

宗庆后通过设定共同目标、注重团队建设和沟通协作等方式，成功引领了娃哈哈全体员工不断追求卓越，实现了公司的长期稳定发展。

共同目标在企业发展中具有举足轻重的地位。它不仅为全体员工提供了明确的方向和动力源泉，还是企业文化形成和发展的重要基石。因此，企业需要高度重视共同目标的设定与实现，通过制定合理目标、加强沟通与协作、建立激励机制等措施，确保能够激励员工，使全体员工能够齐心协力、共同奋斗，为企业的发展贡献自己的力量。

在未来的发展中，随着市场竞争的日益激烈和技术的不断进步，共同目标的作用将更加凸显。企业需要不断创新和完善共同目标的设定与实现方式，以适应不断变化的市场环境和员工需求。只有这样，企业才能在激烈的市场竞争中立于不败之地，实现可持续发展。

激励的方式要多样

为了加大激励的作用，使每一次激励都给员工以新鲜感，作为领导者要善于创造和运用多种多样的激励方式。问题是很多企业的激励方式太陈旧、太单调、太传统，几十年一贯制，最流行的还是发张奖状，给点奖金，效果不太理想，员工兴奋不起来。

其实，领导者只要开动脑筋，就会想出不少新颖的激励方式。如休假，组织优秀员工去旅游胜地休假；完成任务之后可在家休假等。如给予适当自由，某一科研单位规定，科研人员购买少量试验器材可以自己做决定，无须批准；科研人员实行弹性工作时间。如特殊待遇，优秀员工可送去培训进修；每月增加图书补贴等。如宣传，在内网和自媒体上宣传优秀员工事迹；在宣传栏张贴优秀员工照片及表扬员工工作成绩的海报等。如表彰，授予荣誉称号；颁发纪念品、证书、奖章；由主管亲自签署的贺信等。领导者可根据企业情况推出灵活多样的激励方式。一个企业为了克服员工迟到早退的毛病，规定连续一个月准时上班的员工就有资格参加一项中奖率4%的抽奖，6个月以上准时上班的，可以参加一项奖品是电视机的抽奖，结果效果很好。

许多国外的大企业都非常重视激励方式的新颖和独特，力求给员工留下深刻的印象。美国IBM公司曾在新泽西州体育场举行过一次员工庆祝大会，100名成绩优秀的员工像马拉松运动员一样，一个个从场外沿通道跑进广场，这时看台上巨大的电子记分牌分别打出每个人的名字，公司的总裁、部门经理和成千上万名员工家属热烈鼓掌，大声喝彩。想想这是多么壮观的景象，优秀员工永远不会忘掉这一激动人心的场面的。

美国一家经营化妆品的公司——玛丽·凯公司每年举行一次奖励晚会，8千名推销员沉醉在掌声、赞美和从计算机到红色卡迪拉克小汽车的奖品中。数百名优秀的女推销员将在舞台上举行“红夹克”大游行，接受几千名同行的掌声和羡慕的目光，其中最优秀者将被封为“皇后”，接受总裁的花束、权杖、钻石戒指。玛丽·凯认为，对一个女人而言，她在同行们面前崭露头角，其意义比收到一份昂贵的邮寄礼物，而没有任何人知道要大得多。

要想方式多样，倒不见得非得多花钱，花钱少照样可以创出新意。有一家小企业条件不太好，年终奖给两名优秀员工的奖品是一套《资治通鉴》和一副雅致的围棋。原来这两位员工一个爱看历史书，一个爱下围棋。他们非常愉快地接受了奖品，认为很对心思，领导关心入微。这和一些企业在生日时给员工送鲜花一样，花钱不多，格调高雅，形式很新。

不要忽略了物质激励

在企业起步阶段引进人才，“感情”还可以弥补物质上的不足，但如果要使企业获得持续快速的发展，如何在物质激励上做好文章就成了使用好人才的“不二法门”。

在企业发展的过程中，如何尽可能地提高员工收入和福利水平，一直是企业家们很关心的问题，并作为每年企业工作的重要指标。

经过努力，10年来三角集团员工的平均收入年增1000元以上，达到了12000元。同时，企业先后投资5000万元用于建设员工宿舍楼、电影院等后勤福利设施，使员工能够安心工作。这也正是三角集团前董事长丁玉华“动静管理理论”中“静”的一部分，即企业要为人才尽力提供一个静态的生活和工作环境，尤其是优厚的设备、物质条件和“公正、公开、公平”的人文环境，以免除员工的后顾之忧，于“静”中求“安”。那么三角在人力管理上又“动”在哪里呢？丁玉华非常喜欢引用一句古语：“流水不腐，户枢不蠹”，就是企业要打破人们过去因循守旧、静止不前的惰性，竭力为人才提供宽松的动态事业环境。比如注重在每一阶段都对各项任务提出新指标、新要求；每年都要出台新的管理举措，让每个人既有压力也有动力，既有危机感也有自豪感，实现“在开放中调整，在调整中提高”。

为此，丁玉华在三角集团内部专门实施了一种“利益台阶机制”，以调动员工的工作积极性。丁玉华形象地称之为“放苹果”：在不同的岗位或同一岗位的不同级别设置不同的台阶。每个台阶上都摆放“苹果”，台阶越高，“苹果”越大。同时，每个台阶上“苹果”的大小都是公开的。当时，三角的中层骨干已经可以拿到10万的年薪，如果各方面评议也比较好，还另有几万元的奖励。对此，丁玉华感慨道：“这个数字以后还要提高。相对于他们为企业为国家做出的巨大贡献，十几万又算得了什么？依我个人看，只要贡献大，每年给40万、50万都是应该的。”而另一边，年收入最少的，却只有一万多元。

除了“苹果”之外，“台阶”本身也是动态的，目的是“人用其才，能效其位，位尽其功”。三角集团对专业技术人员的评选，采取每两年进行一次复评，不搞终身制；对管理干部，实行“年薪＋奖励”的分配办法，以增强他们的危机感和责任感，同时又对各部门的第一责任人进行施政演说考评，作为调整干部的一个依据；对一线员工则采取“五星级”制，每年以对硬性量化指标的完成情况来决定工资和奖金。

在三角，你听不到“破格”这个词，因为在这里，所有岗位实行的都是竞争上岗。每当出现岗位缺员，三角集团都采用公开招聘和公开考评来择优录用。

以上不难看出，在三角的人力资源管理原则中，“公开透明”是非常重要的。丁玉华坚决反对“给红包”。在他看来，只有公开、透明，才能使在位者有压力，低于其位者有动力，从而形成良性的竞争机制。而国内也有学者已经指出：在中国“给红包”是弊大于利，因为人口在有限地域内的相对拥挤，决定了中国人所处的环境就是一个人际关系非常复杂的社会。在这种情况下，不透明的“红包”只会使人际关系更为复杂，从而造成更多的猜疑和矛盾。

让下属知道你很看重他

一个公司的业绩是公司里每个员工努力的集合，每一个部门主管与其所属的员工所做出的成绩之和，就是公司的总业绩。成绩和成果是同下属工作的状况成正比的。因此如何成功地调动下属，这就和效率的提高及成绩的提升有着重要的关系了。

如果每一位领导能为下属寻找一个好的动机，点燃其热情，便可以使下属对工作全力以赴。也就是说，给下属一个不得不努力工作的理由，下属便自然会极有效率地执行任务，呈现给领导一个丰硕的成果。

一个真正称职的领导是不允许对下属进行故意甚至恶意欺骗的，然而，有时来一些善意的谎言却无伤大雅，如对下属的小优点夸张一下，没什么大不了的成绩奖励一番，这是一种正面的肯定，应该好好地加以利用才对。例如一家证券公司的老板曾对他的下属这样夸道："小王，你今天的发现很及时，很重要，使我们的计划更加完善，不然的话，后果可就比较严重了。"

也许这个发现并不很重要，影响也没有那么严重，重要的是老板借此向小王传达了这样一个意识："在我眼里你是很能干的。"

这等于是肯定了小王的价值，给了他以强劲的工作动力。

因为，人们看准目标、开始行动。欲望愈大，动机就愈会发挥出强大的力量来左右一个人的身心。

领导若想让下属全力以赴去达到目标，则必须为下属寻求动机，可提供的动机很多，如共同目标激励士气、给予其自由发挥的空间、公平的评价等等。寻求动机必须注意三个要点。

1.让下属有参与感，亦即使其参与计划的拟订

疏远是使下属工作意愿降低的最大原因。无论谁都是组织中的一员，因此，让员工借助目标设定和计划确立的开头，业务的分配、实施、洽谈、联络，工作环境的改善，一直到解决问题等一连串步骤的全程参与，自然而然地为其谋求一个适当的动机。

即使不能让下属参与全盘计划，仍可利用专题研究的方式来达到和前述相同的效果。

2.把下属当成主角

也就是赋予其主要的成分，利用所有机会，只要稍微运用一点“主角”中心人物的做法，便可使得下属的潜力发挥到极点。此时领导只需做好辅助支援、协助的工作即可。组织的业绩一旦有所提升，实际上受益的“主角”还是领导了。

3.尊重下属的意见

这也是对其意见的重视。换言之，也就是对他们的存在价值，诚心肯定及尊重的一种表现。

因为，若单从其目前的经验、年龄和能力来作为评价标准，则可能会造成低估的遗憾，更会在下属的满腔热血上泼一盆冷水，可能将永远无法让每个下属的特长获得发挥。

当然，能够提供动机的因素并不是仅限于上述三点。不过，我们应该始终牢记，寻找动机的最终目的是要让下属产生“我很重要”的感觉，从而全力以赴，享受到一种“满足感”。

第七章

授权与尊重：让员工更优秀

一名管理者不管他有多么优秀，即使他有经天纬地之才，定国安邦之能，也不可能把所有的事情都做完。他要做的是适时授权、尊重员工，把员工的权利和利益放在重要位置，为他们营造宽松、有成就感、尊重个性、有成长空间的工作环境。

领导要学会放权用人

能否做到放权用人，也反映了一个领导者能否正视手中的权力。一方面，有的领导者把权力看作个人的私有财产，作为谋取私利的手段，因而把权力看得紧紧的，“寸权必留”，这是非常错误的。

唐玄宗李隆基即位初期，任用姚崇、宋璩等名相，整顿武周以来的弊政，推动了社会经济的发展，出现了著名的“开元之治”。在这个时期，李隆基还是很讲究用人之道的。

有一次，姚崇就一些低级官员的任免事项向李隆基请示，连问了三次，李隆基都不予理睬。姚崇以为自己办错了事情，慌忙退了出去。正巧高力士在旁边，劝李隆基说：“陛下即位不久，天下事情都由陛下决定。大臣奏事，妥与不妥都应表明态度，怎么连理都不理呢？”李隆基说：“我将政事交给姚崇，大事我应该参与决断，至于任用郎官，姚崇难道不能做主？却要再来烦劳我。”

这番话，虽然是批评姚崇用小事麻烦他，实则是放权于姚崇让他敢于任事。后来姚崇听了高力士的传话，就放手处理事情了。

从以上这个事例来看，放权用人的积极意义至少有以下几个方面：

（1）可以充分调动下属的积极性，使下属放开手脚干工作。

（2）可以克服下属对领导者的依赖思想，激发其创造精神，提高独立工作的能力。

（3）减少请示报告等工作程序，可以提高工作效率。

（4）可以使领导者从事必躬亲中解放出来，集中精力抓好大事。

能否做到放权用人，反映了一个领导者是否相信下属。有的领导者做不到放权用人，关键的一个问题是对下属不放心。怕下属滥用权力，怕下属把事情办糟，等等。俗话说：用人不疑，疑人不用，这也是用人的起码原则。所以，要做到放权用人，就要解决好相信下属的问题。

任何一个领导者手中的权力都是众人给的，绝不是个人的私有财产，权力运用得好，把众人的事情办好，众人就会继续给你权力，否则，滥用权力，以权谋私，众人定会剥夺你的权力。以权谋私，你可以得逞于一时，但不可能长久。另外，也有的领导不懂得权力集中与分散的辩证关系。认为做领导的有绝对的权力，才有绝对的威望，也才能把工作干好。实际上，任何事情都充满了辩证法，“过犹不及，物极必反”。权力的集中与分散是相辅相成的，不可走向极端。

那么，怎样做到放权用人，亦即在用人中怎样把握权力的集中与分散之间的度呢？

这里最根本的，就是领导和下属之间要各谋其职，各负其责。作为一名领导，你的岗位责任是什么，哪些工作该你管，哪些是下属职责范围内的事情，你和下属都各有哪些权力，等等，都必须搞明白。该给下属的权力，领导不要占有，该是自己行使的职权，也不能疏忽。主要权力集中在领导手中，部分权力分散给下属，正所谓“大权独揽，小权分散”。上下形成两个积极性，工作才会形成一个合力。领导“大权独揽”也好，下属“小权”在手也好，其目的都应该是一个，这就是干好一个集体或一个民族乃至整个国家的事业。

不信任员工是最大的问题

在沃尔玛，每一个领导人都用上了镌有“我们信任我们的员工”字样的纽扣。这正是沃尔玛从一家小公司发展成为美国最大的零售连锁集团的秘诀之一。

要搞好现代公司，就要把信任作为公司最好的投资。信任是未来管理文化的核心，它代表了先进公司未来发展方向。著名的日本松下集团，其商业秘密从来不对员工保密，他们在新员工上班的第一天，就对员工进行毫无保留的技术培训。有人担心，这样可能会泄露商业秘密。松下幸之助却说，如果为了保守商业秘密而对员工进行技术封锁，员工会因为没掌握技术而生产更多的不合格品，加大公司的生产成本，这样的负面影响比泄露商业秘密带来的损失更为严重。而对于以脑力劳动为主要方式的公司（如软件业），其生产根本无法像物质生产那样被控制起来，信任也是唯一的选择。

相反，如果对员工不信任，就会成为管理中最大的成本。人们为不信任付出了很高代价，不信任的直接后果是听不到团体中的创造性意见，甚至可能降低公司的生产能力。一旦消除不信任，工作就会明显改观。

在把不信任转变为信任的过程中，领导者的作用十分关键。请问，谁更有可能说“请认真点好吗？”到底是领导还是下属？在大多数公司里面，领导更有可能说这种话。

下属通常只是用躲避或抵制作为对不信任的回应。另外一些人则把这种不信任逐级往下传。由于害怕领导的惩罚，有人就会不信任自己的下属人员。许多会议都因不信任而不欢而散。人们相聚时的精力差不多都用于维护自己的尊严，和以不信任回报不信任，而对业绩的改进没有任何帮助。谁也不愿意这种情况发生，但总是有人自觉或不自觉地将公司推向“不信任”的陷阱。

克服不信任、否定态度和僵局的办法是：

（1）承认和尊重员工提出来的每一个想法。

（2）不加挑剔地倾听意见，把每个想法都写在图表上。

（3）鼓励与会的每个人都提意见——不只是地位较高的人。

（4）促使大家敢想敢干，不因某种条件限制而停滞不前。

（5）不要因为某种条件的限制而放弃任何可能性，等到开拓出充满希望的方向之后，再考虑这种限制。

（6）关键在于始终抱赞成态度，它能使员工们将精力放在问题的解决之上，并使之意识到自己的行为会对公司的业绩产生直接影响。

只有做到这些，那些花在不信任和回报不信任上的巨大精力，才可能被各方面用来发明新产品、解决新问题和采用新方法，并用以作出周全的决定。如果能使工作场所摆脱不信任，工作的局面会很快有所改观。

设法让员工成为公司的主人

为了调动员工的积极性，许多公司设法让员工成为公司的主人。然而，只有充分尊重员工的权利，员工才会将公司视为自己的，才会为公司积极地工作。美国戴那公司的麦克佛森总裁的经营秘诀就是“把公司交到员工手里”。麦克佛森让公司的90名“工厂领导”（厂长）直接管控自己厂里的人事、财务、采购等，这就使人事、行政、采购和财务等各部门的权力分散了。这似乎有悖经济原理，因为从理论上讲，集体大量采购是压低单价，节约费用的良方。但是，麦克佛森却认为集体采购是行不通的。90个“工厂领导”为每一季的目标负责，若是集体采购，在90天之后，会有人跑过来说：“本来计划是可以完成的，但是那个该死的采购领导没有准时把我要的钢铁买回来，所以我没办法达到目标，也许下一季……”而在采购部门的权力分散后，如果有几个“工厂领导”感到有必要的话，他们就会自己联合起来压低成本。

戴那公司没有作业准则，也不用写报告，一位执行副总裁说：“我们有的只是信任！”他们充分尊重每一位员工。在20世纪80年代初，时逢经济萧条，公司被迫辞退一万名员工。为此公司每星期都要给每位员工送一份通讯录，在这份通讯录中大胆指出下一个可能裁员的是哪些部门，并指出被裁员部门的员工前途怎样。这种做法富有成效。裁员后，购买股票的员工超过80%，包括被辞退的员工。而裁员前，80%的员工只是通过自由入股计划成为公司股东。

在麦克佛森的经营下，由于他“把公司交到员工手里”，虽然受到经济危机的打击，该公司却迅速恢复了元气。

给员工一点个性空间

微软的一条很重要的用人原则是：“人的最高需求是自我实现，也就是自我的管理。”

正如微软的观点那样，世界上唯一不变的就是变化，变化才是这个时代的永恒主题。变化无处不在，竞争随处可见。即使我们今天享有盛誉，无所不能，我们也无法保证明天能够继续获得成功，继续享受盛名。竞争者随时会在我们的身边出现，我们今天的位置随时都可能被取代。

我们需要做和所能做的就是积极应对变化，随时做好应对变化的心理准备，不断适应新的环境，不断地激励与发展自我，不断更新和改善我们的工作习惯和工作技能，使我们的脚步跟上变化的节奏，持续保持战斗力和生命力。

在现代企业中，个性空间的重要性日益凸显。员工个性空间的允许与培育，不仅有助于激发员工的创新精神，提高工作满意度，还能促进团队协作，为企业带来持久的竞争力。为了给员工更多的个性空间，企业可以从以下几个方面着手：

首先，明确岗位职责与权限。在确保员工完成基本职责的基础上，应给予他们一定的权限和自由度，允许他们在工作方法和流程上有所创新。这样既能保证工作的顺利进行，又能激发员工的创新潜能。

其次，建立激励机制。通过设立奖励制度，鼓励员工提出创新性的想法和建议，对于在工作中展现出色的员工给予物质和精神上的双重奖励。这种正向激励能够激发员工的积极性和创造力，促进个性空间的发展。

再次，提供培训和发展机会。企业应为员工提供专业技能和个人成长方面的培训，帮助他们提升自我，实现个人价值。这样不仅能够增强员工的个人能力，也有助于推动企业的整体发展。

最后，营造开放包容的企业文化。企业应倡导开放、包容的文化氛围，允许员工表达不同意见和看法，激发团队内部的活力。这种文化氛围的营造，有助于形成积极向上的团队氛围，促进员工之间的交流与合作。

有一家互联网公司就非常注重为员工提供个性空间，允许员工在遵循公司基本价值观和规章制度的前提下，自由发挥个人特长和创造力。公司设立了“创新实验室”，为员工提供了一个自由探索、尝试新想法的平台。员工可以根据自己的兴趣和专长，在创新实验室中开展各种项目研究和技术探索。这不仅激发了员工的创新精神，也为企业带来了许多前沿的技术应用和产品创新。在企业文化方面，该公司倡导开放、包容、协作的理念，鼓励员工之间互相学习、交流和合作。这种文化氛围为员工的个性发展提供了良好的土壤，也促进了企业的持续创新和发展。

马斯洛的需求理论告诉我们，人的最高需求是自我实现，也就是自我的管理。要想达到完全意义上的自我实现，离不开员工自己每日的自省与自励，只有持续地坚持学习，坚持每日进步，每日修炼，才能不断超越自我，在迈向成功的终极路途上受到的机遇垂青并抓住机遇，达到最终的自我实现。

结合以上因素的考虑，我们公司必须给员工提供自由发挥的空间，不断强化员工的创新精神，为员工提供可供学习和进步的空间与时间，帮助员工在自我的教育与训练当中获得提高和发展，达到个性发展的效果。

根据员工的个性安排工作

有西方学者将个体因素归结为4个方面：传记特点、能力、学习和个性。其中，个性就是个体的人格特征，是个体所有的反应方式及其人际交往方式的总和。个性可以定义为个体或一般意义的人针对环境做出的始终如一的行为模式的特性。一个有效的领导希望了解个体行为模式以便有效地管理下属。实际上，人们都试图在和别人的相互影响中确定始终如一的行为模式。一般情况下，需要比当时环境提供更多的信息来了解个体行为。因为每个个体都是作为一个整体的人行动的。行为不能理解为相互割裂的部分。通过个性研究，就能将人的行为的点和面结合在一起。

近年来的一系列研究表明，所有个性因素都存在五个最基础的维度。

外向性：描述个体是否善于社交、言谈，是否武断自信等方面的维度。

随和性：描述个体是否随和、能否合作且信任等方面的维度。

责任心：描述个体的责任感、可靠性、持久性、成就倾向等方面的维度。

情绪稳定性：描述个体在积极方面（如平和、热情、安全等）和消极方面（如紧张、焦虑、失望等）的维度。

经验的开放性：描述个体想象、聪明及艺术的敏感性方面的维度。

每个人的个性都是不同的，只有当个性与工作相匹配时，个体能力才能充分发挥，才能取得满意的工作绩效。

在今天的商业环境中，了解并适应员工的个性已经成为组织成功的关键。个性与工作之间的匹配不仅有助于提高员工的满意度和工作效率，还能为企业创造更大的价值。当员工的个性特点与他们的职责和任务相匹配时，他们更有可能表现出色，实现个人和组织的共同目标。

例如，外向性强的员工通常善于社交和沟通，适合担任销售和市场营销等需要频繁与人交流的职位。他们在与客户和潜在客户的互动中通常会表现出色，为企业带来更多的业务机会。而责任心强的员工则更适合担任管理和领导职务，他们对待工作认真负责，能够确保团队的任务得到妥善完成。

情绪稳定性也是一个重要的个性因素。在工作中，员工难免会遇到各种挑战和压力，如果他们的情绪稳定性较差，就难以保持冷静和理性，从而影响工作效率和决策质量。相反，情绪稳定的员工能够在压力下保持冷静，更好地应对各种挑战。

此外，经验的开放性也是一个不可忽视的个性因素。具有开放心态的员工更愿意尝试新事物，接受新观念，这对于企业的创新和发展至关重要。他们能够为团队带来新的想法和视角，推动企业在竞争中保持领先地位。

因此，企业在招聘和选拔员工时，应该充分考虑个性因素。通过评估员工的个性特点，为他们安排合适的职位和任务，可以最大限度地发挥他们的潜力，提高组织的整体绩效。同时，企业也应该为员工提供个性发展和培训的机会，帮助他们更好地适应工作需求，实现个人和组织的共同成长。

给员工提供个人发展空间

真正聪明的领导用充分的发展空间、专业的挑战性、工作的创造性和各种各样的机会吸引员工，而不是刻意的挽留。

大多数公司领导心目中的理想员工是这样的：对工作有激情，喜欢新的工作内容，希望参与较大项目，希望学习新东西，希望建功立业，等等。但是，公司是否具备吸引这样的员工的条件？或者说，有没有为员工的雄心壮志提供可供发展的空间？所以，真正聪明的领导是用这样的条件去吸引他想要的员工，即充分的发展空间、专业的挑战性、工作的创造性和各种各样的机会，而不是刻意的挽留。

为了让每一个员工都有事可干，公司必须将自己的总体目标细化，使每一个员工都有明确的工作目标，并以此作为对员工进行考核的标准。目标的制定要特别考虑两点：一是要考虑员工的兴趣，二是要有一定的挑战性。只有每一个员工都有了自己明确的目标，他才会感觉到自己在公司“是有用的人”，“是有奔头的”，才愿意在公司长期地干下去，这便是我们许多老总常挂在嘴上的以“事业留人”。

让员工了解公司的发展战略，使员工在公司发展过程中获得成功。如果公司能够通过为员工制定职业生涯规划，使员工看到公司的发展前景，看到其自身在公司的发展空间，他便会全力以赴地投入工作。

对于许多领导而言，对于下属员工的态度中总是存有一丝的恐惧，“我的下属这么能干，他会不会取代我的位置？不行，我要先采取行动，可不能让他的业绩太闪光”。这种想法对于公司的发展来讲是极其危险的，它遏制了员工个人潜力释放的同时也造成了公司的发展停滞。如果你的领导是这样的一个人，我想你也会选择离开。所以，在一家公司中衡量一个领导工作有效性的尺度之一就是其下属业绩如何，如果他们得到了很好发展，就会更容易接受组织中其他任务，自然会增加忠诚度，他会留下来。

每一个员工的潜力都是一座宝贵的矿藏，即使是最平凡岗位上的员工。我们经常听到经理们抱怨下属员工的潜力已经用尽，其实不然，每个员工的潜力都是巨大的，它在于你用什么样的方式去发掘。如果员工感觉到了领导对于自己潜力的否定，他选择离开才是理所当然。因此，要激励员工对于自身潜力的再开发，引领他们向着更高的目标不断前进。

许多岗位要求从业人员具有一定的资格、教育、声望等，你如果想吸收并留住这些岗位的专业人员，就要展示对他们的地位和资格的尊重。这种尊重和赞赏会有所回报。轻视专业声望，你就会“迫使”一些重要员工转而寻求那些认同他们职业特征的岗位。树立员工专业声望的方法有：在公司的各项宣传中标明身份的头衔；在员工的个人名片上充分显示；鼓励员工参加各项同业活动及继续教育；为员工专业知识的使用提供工作舞台。

任何一项业务都有孕育、成长、成熟、衰落的生命周期，因此，持续成长的公司必须是这样一幅景象：一方面是守卫核心业务，另一方面还要不断建立新业务以及创造有生命力的候选业务。这样既是公司持续成长、永续经营的必然要求，同时又能为公司的那些关键人才赋予新的发展机会，保证他们持续的工作激情。

适时扩大下属的职责

大多数人都喜欢有责任性的工作，在一次座谈会上，大部分人都有如此的想法："让我从事责任更大的事吧！"或者说"责任感愈重之事做起来越有价值。"

为什么他们想负这么多的责任？最大原因在于愈有重责则表示此人愈有能力。不过给了某人责任之后，相对地也要赋予其相当的权限，在此权限内，可以依照自己的方法做事。低层员工或从事单纯、辅助性工作的人员，即使能圆满完成任务，但并不觉得自己负有什么责任，这是因为他们不能依自己理想做事的缘故：

每个人都有强烈的欲望，希望别人看重他，所以想多负担一些责任。因为负担了责任，自己就有责任感，换句话说，给了某人责任与权限，他就可以在此权限范围内有自主性，以自己的个性从事新观念的工作，因此他就拥有了可自己处事的满足感与成就感。

1.不要做个啰唆的领导

领导若过于啰唆，无论大小事都要说明、吩咐，只是徒增员工的烦腻，同时员工也会觉得自己根本无须负责，于是欠缺责任感，工作意念也随之降低。在啰唆的领导吩咐下的员工，其责任感较公司给予概括的指示，然后一切细节由员工自行负责者来得低，这可以由下面例子得到全面的认识。

某公司里一位A股长调职，继任者是B股长。不到一年的时间，该部门生产量增加了16%，在此我们研究了A、B股长的作风。A股长一天到晚楼梯爬上、爬下，不厌其烦地指示员工；但B股长作风就迥然不同了，任何事都仅指示大纲，一切细节则由员工自行负责，他也不限制员工的自由，完全尊重他们，员工因为依照自己的想法做事，越做兴趣越浓，也希望将该事做到完美，因此责任感很强。因二人作风不同，工作成效也大不相同。

照这个例子看来，不仅要让员工负责任，而且要赋予相当的权限。所谓权限即是可依照自己意志做事，如此才能提高工作效率。

2.权责必须平衡

责任与权限必须均衡。我们所说的赋予员工权限即让他们在自己意志下工作的范围。很多领导对属下只强调责任，而极少赋予权限，只是一次次地指示他们，以致员工根本毫无机会依照自己的办法去做，在此状态下，无论你如何强调责任都无法收到预期的效果。

在许多公司、机关中，责任与权限无法合二为一。权限都集中于上级，员工仅负责任而已。须知无论何事，一旦欠缺权限则产生不出责任，因此责任与权限始终必须保持一致。

赋予某人责任即让对方负责之意，这点每个人都必须明了，也因此工作范围须划分清楚，如此，个人所负担的责任即分担工作范围内的责任而已。

说了这么多，责任到底是什么呢？员工有完成工作的义务，假若无法完成或工作成果不好时，就非要负责任不可了。这所谓的责任并非要你提出辞呈，或者要你等待受罚，而是你仍须将失败处弥补至完美为止，使其影响降至最低限度，而且要追究失败的原因，决不再重犯。

你的员工做错了事，你自己也不能免除责任。故当自己的属下失误时，在处罚员工之前必须自己先反省一番，看看自己的作法是否妥当，导致失败的原因何在，并且要改善缺失，这才是领导人员的职责所在。

在与年轻人的交谈中，大家普遍认为：“任何一件事上，领导若信任我们，可放手让我们单独去做，我必定会更加卖力。”

说这些话的人进入公司服务一年多后，他逐渐地学会每一件事，新鲜感再加上丰富的经验，他愈做愈有味道。反之，若经年累月做同样的工作，时间一久他会觉得枯燥无味、单调无比，原先的工作热忱也渐渐消失了。故领导人员应依照员工们工作熟练程度，由最基本的D级工作晋升做C级工作，再由C级跳到B级，如此一级级地赋予较高级的工作，他们做起事来也不致有厌倦感。

工作编排并不只限于纵的方面赋予高级工作，有时也可在横的方面赋予范围更广的工作，这道理都是一样的。

员工逐步学会更高深、更广泛的工作，即表示积累了相当的经验，思想会愈加成熟、充实，做起事来也会格外的干劲十足。

第八章

权威：让下属自觉服从命令

权威是指在某个领域内具有高度权威和威信的人或机构。他们拥有决策、管理和指导的权力，他们的话语具有相当的权威性和说服力。

正直产生约束力

孙子说：“卒已亲附而罚不行，则不可用。”（《孙子兵法·行军第九》）意思是说，士卒已经依附到军队之中，如果不执行军纪军法，是不能用来作战的。

在孙子眼里，管理不仅要军纪严明，更要赏罚分明。最好的赏罚方式一定是坚持正直原则的方式，只有足够正直，才能产生最大约束力。

IBM原总裁小沃森认为，一个企业的首脑肩负着几乎像一个政府首脑那样的责任，一个企业首脑可能犯的最严重的错误之一是对主管和员工应用双重标准。

当小沃森最初对IBM实行分散经营时，他一厢情愿地假定IBM的所有经济部门都会自动执行同样严格的行为标准。经过几年的观察后，小沃森才意识到，一个总裁必须现场检查他的部下做出的决定。

有一次，在IBM公司下面的一个工厂，一些主管搞起了涉及美国储蓄公债的连锁信游戏。游戏内容是这样的：一个经理写信给另外5个经理，而这5个人又分别给另外5个人写信，其中收到信的每个人都应该给寄信的那个人寄一笔钱，同时给另外的更多的5个人写信，依此类推，不断循环。

这个游戏的范围很快就超出了经理圈子，扩展到了普通员工。最终的结果就是员工对这个游戏感到了很大的压力，无力向经理们支付那笔钱。但员工又不得不参加连锁活动，让主管从中捞到好处。

小沃森收到该工厂员工们写来的有关这种活动的投诉信后，把它交给了那个分部的负责人。小沃森以为分部负责人会慷慨激昂地说：

“我们必须开除几个为首的家伙，这件事包在我身上了！”

哪知，他只是轻描淡写地说：“这是错误的！”

结果是，小沃森无法说服这个分部负责人将任何一个主管开除。小沃森对其保护部下的做法表示钦佩，鉴于此，小沃森没有深究这件事，却将此事牢记在心头。

几年以后，还是在那个部门，其中一个主管开除了一个低级员工，因为这个员工偷了一些设计图纸，卖给了另一家公司。应该说开除他是没有错的，只是这个主管的工作方法有些粗暴。

这个员工一生中有一件令他感到自豪的事情——他加入了美国陆军后备役部队。该主管没有到这个员工的家里告诉他：“你偷了图纸，公司将你解雇了！”而是在他去兵营的一个星期后宣布了对他的惩罚。

不知什么原因，军事当局也知晓了此事，于是那个员工在军队的职务也被解除了。这种耻辱使他气急败坏，在随后的几年里，他竭尽全力想尽一切办法与小沃森作对，把一腔怨愤都倾泻到了小沃森身上。

他把画着小沃森坐牢的图片寄给他所在选区的参议员和众议员以及最高法院的每一个法官。他死死咬住那次连锁信的事不放，因为他掌握相关资料，知道小沃森宽恕了直接责任者。许久以后，这个被解雇的员工才放弃此事。

这一事件的确使小沃森“吃一堑，长一智”。他明白了，维护正直原则对他和他的公司有多么重要。后来，只要管理人员违反正直原则，小沃森就毫无商量余地地将他开除。

总计起来，小沃森开除了十多名管理人员，其中还包括几名高级经理。每次，小沃森都得驳回许多人的意见，这些人坚持认为：只要把当事人降职或给他调动工作就行了，用不着开除，没有他，企业就会解体。事实上，由于小沃森的雷厉风行和毫不留情，公司的日子反而更好过了，组织管理得到了加强，企业运行有条不紊。

正直如同责任、忠诚一样重要。就某种程度而言，正直决定企业的发展方向，保证企业实现良性运转。正直是一种必须坚守的立场，正直是一种价值观。对于企业来说，正直还代表声誉。坚持维护正直原则才能规范企业使它在良性轨道上有条不紊地运行，为此领导者要做好以下几点：

一是不信谗言。孔子曰：“浸润之谮，肤受之诉，不行焉，可谓明也已矣。”暗中传播的谗言，切身受到的诽谤，在你这里都行不通，你就可以称得上明智了。

二是己所不欲，勿施于人。自己不愿听的话，不愿办的事，不要用来教训别人，强迫别人去做，否则谈不上正直。

三是严于责己。多责备自己而少责备别人。自己勇于承担责任，就会增加言语活动的空间，加大领导人说话的自由度。

四是真诚相见。要使别人信任自己，自己首先要信任别人。要待人以诚，与人为善。如果花言巧语，伪装和善，怎能取信于人呢？

五是重调查，不盲从。因为真理有时不一定在多数人手里。假如人云亦云，那么领导者的正义和正直就不存在了，有可能冤枉好人，纵容坏人。

六是爱憎分明。坚持原则，对错事加以批评，对好事加以表扬，不能良莠不分。这是领导者正直无私的表现，也是树立领导威信的基础。

七是不喜奉迎。拍马奉迎的人，并不是真正对领导者忠诚，而是怀有个人目的。只有用勤奋工作和出色业绩来支持领导工作的人，才能加以赞赏。

威信使管理变得简单

孙子说："将者，智、信、仁、勇、严也。"（《孙子兵法·始计第一》）在这里，孙子明确提出了一个优秀将领应该达到的标准，而其中的信就是指将帅在治军上的信赏明罚及由此生成的威信。将帅只有树立了威信，才能得到士卒一贯的服从，在战时才能真正做到军令如山，从而最大限度地提升战斗力。在管理上，树立威信是一种极为高明的管理策略。

威信既不是权力和威望的简单相加，也不等同于权力。权力是一种具有强制性的、使人不得不服从的力量；而威信则是通过令人信服的威望、影响力发生作用的。威信是社会对某个人或组织所起作用或所做贡献予以承认的一种特殊尺度，是对个人或组织活动结果的社会评价。在情感状态的基础上，群众会自觉地服从管理者的指挥，接受管理者的影响。

威信是以精神感召力、影响力、凝聚力等使人信服的力量为前提，通过社会或组织赋予的权力来影响和改变他人思想和行动的一种支配力量。

作为企业组织的管理者，你可以运用权力，但不能控制一切。复杂的控制制度并不一定能保证你得到理想的成效。你必须在下属面前树立起威信。

井植熏是日本著名家用电器制造公司三洋电机株式会社的创始人之一。曾在他的二姐夫松下幸之助创建的松下制作所工作，为松下立下许多汗马功劳，他也因此养成了超凡的经营管理才能。

1931年，井植熏就被任命为松下电器制作所的主任，由于在第一工厂的出色表现而被任命为第八工厂的厂长。

第八工厂以收购干电池为主，工人的素质普遍很低，生产方式也非常落后。管理这样一座工厂对井植熏来说是一次非同寻常的考验，何况全厂没有一个他认识的人。

到厂的第一天，厂里的一帮员工就给他来了一个下马威。这些人因为工厂劳动保护条件差，加上长期与制造电池的原料黑铅和锰矿粉接触，又没有环境意识，所以人人都把脸熏得漆黑。他们根本不把白白净净的井植熏放在眼里，当面嘲笑他是个白脸小和尚。而井植熏对此毫不在意，他首先想到的是要把生产搞上去。

但由于工人对他有抵触情绪，所以井植熏工作开展得很困难。这时他如果只以厂长的名义去发布命令，以势压人，很可能会激起更大的对抗，以致最后一败涂地。

于是他一方面向工人们宣传流水线的诸多好处；一方面想尽办法化解大家的抵触情绪。从小练就的酒量这次帮了他大忙。工人们都认为能喝酒的男人是真正的汉子，而真正的汉子才值得大家尊敬。了解到这些情况后，井植熏厂长便开始经常同工人一起喝酒，而且表现出很能喝的派头。

有一次他对几个颇有威信的工人说："今天咱们放开喝，谁最后一个醉，今后就要听谁的。"喝酒其实也有不少学问。刚刚干完一天活马上空着肚子喝酒，没几口准得醉倒。有些人也知道这个道理，就吃得饱饱的再上阵，但往往醉得更厉害。而井植熏却有自己的心得，那就是饮酒之前喝大量的水，酒精会随水分的排泄而加速排出体外。

一个是有备而来，一个是仓促上阵，自然胜负立判。几个回合下来，工人们开始信服这位新上任的白脸厂长了。不干则已，干就干到底。不久，他又邀了5个最爱喝酒的工人一起比赛，结果又是他赢了。

从此以后，这帮黑脸大汉个个都服了他。抵触情绪一消失，干劲自然就高了，管理对路又上下齐心，生产很快搞了上去。

这件以酒服人的事连井植熏自己也津津乐道。而第八工厂电池产量的快速上升刺激松下电器制作所的“乐声灯”产量增加却成了不争的事实。领导并不是依靠手中权力强行命令其他人工作。这虽然有时候也行得通，但效果不一定理想。最理想的方式是树立自己的威信，让员工对你心悦诚服，心甘情愿为你卖命工作。

拿破仑发动“百日政变”，不发一枪一弹就夺回了法国政权。这在别人看来是不可思议的事情，可拿破仑却做到了，原因之一就是他在士兵中享有崇高的威望。

许多人拥有权力，却不能在人群中树立权威。要获得实际的权威，管理者要做到以下四点：

一是要学会察言观色。因为任何管理者的影响力都难以估量，下属也不会明显地表现出对管理者的信任，管理者必须运用眼光和头脑判断自己在别人心目中的实际位置。

二是要能自我控制，并能左右全局，使所有在场的人不偏离主题。当旁人都晕头转向时，你仍能保持清醒，就会拥有更大的权威。一般人不仅愿意与智者接近，也愿意和有大将风度的人为伍。

三是要善于赞美下属。在合适的场合、合适的时候称赞下属，这样能振奋士气，赢得下属的好感。如果善于掌握分寸，则能在影响力和工作权威之间取得恰当的平衡。

四是要有耐心。树立自己权威的过程可能是很缓慢的，不可能一蹴而就，因此必须沉得住气，注意把握分寸。

实现预定目标是管理者的根本任务，在实现管理目标的过程中，管理者的威信起着重大的激励作用。有威信的管理者会对下属形成强大的吸引力、同心力，从而产生巨大的工作动力。树立威信，能够使管理变得更简单。

为下属的过错承担责任

在企业的运营过程中，总会存在着失误与过错，管理者对待此类事情的态度往往决定了企业员工的态度。犯错与失职并不可怕，可怕的是否认和掩饰错误。勇于承担责任的管理者，会让员工觉得你是一位心胸坦荡、有责任心的人。因为责任而树立起的威信更能让员工信服，从而为你赢得员工的尊重和支持，否认和掩饰只会一错再错，失去员工的信任。

戴尔公司的老板迈克·戴尔是一位勇于承担责任、能主动承认错误的领导。从2001年开始，戴尔公司开始实行年度总评计划。每位戴尔员工都可以向他的上级、部门经理甚至是迈克·戴尔本人提出意见，指出他们的错误所在。

第一次员工总评过后，迈克·戴尔得到的评价是“过于冷淡”。对此，戴尔本人当着手下众多员工的面承认了自己的问题：“我个人太腼腆，显得有些冷淡，让人觉得不可接近，这是我的失误。在这里我对大家作出承诺，在以后的日子里，我会尽最大努力，改善与所有员工的关系。”

这件事情在后来被人提及：“戴尔先生，你不担心员工提出的问题是你根本不存在的吗？”迈克·戴尔微笑着回答：“戴尔公司最重要的一条准则是责任感。我们不需要过多的借口，只要拥有高度的责任感就行，在戴尔公司你绝对不会听到各类推诿之词。”

戴尔本人的公开表态，在公司内部引起巨大反响。公司的员工们都认为：

“老总这么勇于承担‘莫须有’的责任，那么我们还有什么理由不向他学习呢？”因而，“承担责任，不找借口”的风气迅速在戴尔公司内部形成，这也使得戴尔公司迅速拥有了强大的竞争力。作为企业的管理者，能否主动承担责任，体现了管理者的品格和气度。管理者不仅应该在有任务的时候勇挑重担，更要在出错的时候率先承担责任，把失误、失败的责任也放在自己肩头。

在现代职场环境中，员工与管理者之间的关系日益复杂，特别是在下属犯错时，如何承担责任和处理问题变得尤为重要。下面这则案例，涉及一家科技公司的高级管理人员如何为其下属的过错承担责任。

这家科技公司是一家在业界颇具声誉的创新型企业，注重团队协作和创新精神。然而，在过去的几年里，公司面临了巨大的市场竞争压力，为了保持领先地位，公司高层决定推出一款具有颠覆性的新产品。

新产品研发团队由公司的一位高级管理人员李经理负责。李经理在行业内有着丰富的经验，但在项目执行过程中，他过于信任团队中的一名核心成员张工程师，未能及时发现和纠正张工程师在产品设计上的错误。

当新产品即将推向市场时，李经理和其他团队成员在一次内部测试中发现了张工程师的设计错误。这个错误可能导致产品在关键时刻出现故障，对公司声誉和客户关系造成严重影响。

面对问题，李经理首先承认了自己在团队管理上的疏忽，并主动承担责任。他立即组织团队成员进行紧急会议，分析错误原因，并制定补救措施。同时，他还向公司高层报告了这一情况，请求支持和协助。

在紧急会议中，李经理首先向团队成员道歉，承认自己在项目执行过程中的失误。他强调，作为团队负责人，他有责任确保项目的顺利进行和产品的质量。接下来，他与团队成员共同分析了错误原因，并提出了改进措施。

为了确保产品质量，李经理决定推迟新产品的上市时间，并重新组织研发团队对产品设计进行全面检查和优化。同时，他还加强了与张工程师的沟通，帮助其认识到错误并找到解决办法。

在这个过程中，李经理不仅承担了责任，还积极采取措施解决问题，确保公司能够度过这个难关。他还与其他部门沟通协作，争取到了必要的支持和资源。

经过李经理和团队的共同努力，新产品最终成功上市，并获得了市场的认可。公司也在这个过程中加强了内部管理和团队协作，避免了类似问题的再次发生。

对于李经理来说，这次经历让他深刻认识到作为领导者的责任和挑战。他意识到，在团队管理中不能过于信任个别成员，而应该加强对整个团队的监督和指导。同时，他也学会了如何在面对问题时保持冷静和果断，采取有效措施解决问题。

这则案例展示了现代职场中一位高级管理人员如何为其下属的过错承担责任，并通过积极措施解决问题。它对于其他企业和管理者来说具有启示意义，提醒我们在团队管理和项目执行中要时刻保持警惕和责任心。

不找借口，能够勇于承担责任的管理者，展现的是一种高风亮节与光明磊落，不仅能让上司器重，更能增加威望，令下属更易管理。

树威的第一要素就是严

树立威信的第一要素就是“严”。严就是严格要求，它包括两方面的含义：一是管理者对自己要求要严，凡事要从我做起；二是对下属要求要严，事无巨细，都要严肃认真，一丝不苟。

1.多思慎言

为使管理者发出的指令得到最有效的施行，管理者要做到说一不二、言出必行。为此要遵循如下规则：

（1）言必行，行必果。

管理者的一举一动，必会引起下属及广大成员的注目。此谓“船摇一尺，桅摆一丈”。因此，管理者应该对自己的言行抱着戒惧、审慎的态度，才能名副金口玉言之实。

一言既出，驷马难追。圣人接触别人，小心言行，不为防人，只为防口。人之口舌软而无规，人与人之间，舌之作用可当得半个人。身处高位的人，一咳嗽、一眨眼都会引起众人的注意。

鉴于此，管理者修正自己的言行就非常必要，那些轻视这个道理与原则的人，必定会不时引起社会舆论的攻击，因而会备受困扰。因为地位愈高的人，他们在外的名声愈是属于整个社会。

遵循尊重别人、谨言慎行的原则，一片赞誉定然是伴随着你的；反之，则说不定。越是有声望的人，越应该谦虚地审度自己的言行。否则，声望也有可能走向反面，正所谓不积小善，无以成名；不积大恶，不会有灾；小恶多积，恶掩善言。

（2）重义守信。

命令不能轻易下达，既然下达就需要有人不折不扣地执行。说了就不可轻易改变，一旦改变了，再去执行当然不好办。“君子一言，驷马难追。”说到做到，是树立权威的妙法，所谓信义，不过如此。

2.积小成大

作为管理者，能够发号施令使下属依己之意行事，这当然是一件好事，但树立权威却不是一件简单的事，只有从小事做起，在管理工作中注意细微小事，才能树立自己的威信。

下命令的人是自由的，被命令的人可就没那么自由了。要求下属必须遵从，就必须具有足以让下属心服口服的理由才行，这样的威信只有靠平时一点一滴地积累才能树立起来。

经过一番奋斗，你终于脱颖而出，同事和上司也认可你的能力，但是你对此应该有个正确的认识，要做到以威信服人，而不能以权势压人。

假若你的能力与职位存在差异，无法完成基本的任务，你就应该坦白相告，如果说些丧气话或埋怨组织，就不可能树立威信，长此以往，只能因令人无法忍受而被弃用。当然，如果这只是一时的情绪，还是可以被原谅的。平时不妨尽量放松心情，千万不可一上任便威风八面，这样不但不能树立权威，反而会逐渐丧失人心、失去支持，成为孤家寡人。

作为管理者，虽然常有泰山压顶之势，你也要做到不慌不忙，从容处置，你的坦然也可以产生一种威权。

3.近则庸，疏则威

管理者与下属保持距离，具有许多独到的驾驭功能：可以避免下属之间的嫉妒和紧张，减少下属对自己的恭维、奉承、送礼、行贿等行为；可以避免对自己喜欢的下属认识偏颇。

管理者只有善于把握与下属之间的远近亲疏，才能使自己的管理职能得以充分发挥。

有些管理者想把所有的下属团结得像一家人似的，这个想法是很可笑的，也是不可能的。如果你现在正在做这方面的努力，劝你还是赶快放弃。事实上，与下属建立过于亲近的关系并不利于你的工作，反而会给你带来许多不易解决的难题。如在你做出某项决定要通过下属贯彻执行时，恰巧这个下属与你平常交情甚笃，你的决定恰巧与他有关，为了支持你的工作，他放弃自己暂时的利益去执行你的决定，这自然是最好不过的。但是，如果他是一个不晓事理的人，就会找上门来，依靠他与你之间的关系，请求你收回成命，这无疑是给你出了一个大难题。收回，必然会受到他人非议；不收回，就会使你与这位下属的关系恶化，他也许会说你是一个太不讲情面的人，从而疏远你。

4.以身作则

管理者表现自己权威的一个重要方面就是做出更大的业绩，用业绩说话，以业绩来树立权威。我们平常所说的“是骡子是马牵出来遛遛”就是这个道理，只要有真才实学，只要有能力做出成绩，何愁没有权威呢？

某公司经理上任伊始，一改前任领导做事拖泥带水的风格，决心整顿公司陈务，并且制定出相应的对策。首先他带头遵守公司的新规章，但效果并不理想，经过了解，才知道公司员工对他持一种观察态度，不太信任他的能力和专业水平。

鉴于此，该经理决定亲临第一线，与销售人员一道奋战。一个月后，公司业务量大增，效益也大为改观，员工内部赞叹声一片。从此，大家都以该经理为榜样，勇于承担责任，积极工作，公司发展前景光明。

这就是典型的以业绩树立权威的例子。但同时也有一些管理者，由于缺乏工作经验和领导能力，上任后被一些琐碎的具体工作淹没，被一些复杂的人际关系缠绕，被一些细小的工作耗费了大部分精力，而使全局的工作失去了平衡，更不能在业绩方面使员工信服，时间一长，没有了权威，弄得自己十分尴尬。

管理者应该严格要求自己，多吃一点苦，为下属多负担一点工作，做出一些业绩来给大家看看，只要用自己的行动干出实绩，下属自然会心服口服。俗话说，群众的眼睛是雪亮的。下属最讨厌的就是光说不练，只要管理者注意多做一些实际业绩，给下属做个榜样，权威自然会有。

身不正者影必斜

管理者在管理活动中，会经常为大家调解纠纷，解决矛盾。在处理这些事情时，是否出于公心，处理得是否合理，都直接反映了管理者的管理水平，影响着管理者的自身形象。

1.杜绝假公济私

每一个管理者在自己的岗位上，都希望自己对下属公平、公正、无私无畏。什么才是无私、公平呢？如果现在你手中有一件非常轻松的工作，它只需要花费一点时间和精力，便会立即产生明显的效果，而且这件工作深受组织上下的瞩目，若圆满完成了任务，还有机会和高层管理者见面，得到特别的表彰，此时，你是选择让下属去完成任务，还是自己亲自去解决问题呢？

实际上，这并不是一个很容易回答的问题。作为一个管理者，你是分配给每位下属相同的任务，还是给能力好的下属困难的任务、给能力差的下属简单的任务呢？此时做决定的要诀是无私、公平，即不可考虑自己的利益所在，绝对不可以因为工作轻松又可获得利益，便想着夺过来，企图“自己做”。因为你的企图很容易被下属看穿，不论何时，由上往下看，往往不太能知道实际情况；然而，由下往上看，却大致能正确地了解一切。

2.等距离待人

对下属进行管理不要存有偏见。上司不应对一些人有偏见，对另一些人则另眼相待。“有偏见当然不好，但我们对工作努力的人另眼相待难道也不对吗？”有的上司如此问。我们的回答是：另眼相待同样有害无益。

对于干得出色的下属当然应该表扬，但是，该表扬的时候表扬，该论功的时候论功，平时还是应该对其他下属一视同仁。这就是说，他靠工作出色赢得了他应该得到的东西，其他方面还是同别人一样。别人若像他一样工作，也能赢得应该得到的东西。这里强调的是工作，突出的是公平。

如果你把一切特权都授予了他，甚至对他做错事也睁一只眼、闭一只眼，那么，你让别人怎么向他学习？另眼相待造成的特殊化，使他和其他员工有了差距和隔膜，别人反而无法也不想向他学习了。人们会因为妒忌、仇恨而消极怠工：“他既然这么得宠，为什么不把所有的工作都给他去做呢？我们忙个什么劲儿！”

一定要给下属一种公平合理的印象，让他们觉得人人都是平等的，机会也是均等的，他们才会奋发、才会努力。这样做，对做出成绩的人也有好处，有助于他戒骄戒躁，不断上进。

对女性或其他弱势群体的人员也不能另眼相待。确实不适合女性工作的岗位，干脆就不要安排女性。对体弱的人员也是一样，要么明确规定半休，在规定的工作时间内也要和其他人员一样工作。

我们不要以为好心一定能办好事，像另眼看待这种“好心”，不论对自己、对他人都是有害无益的。

管理者一定要给下属一种公平合理的印象，对待每个人都要客观、公正，让大家觉得机会均等、人格平等，这样他们才会积极主动地做事。成功者戒骄戒躁、精益求精，后进者不断上进、积极追赶，只有形成这样一种氛围，才能进行有效的管理。

总之，管理者在处理与下属的关系时，要一视同仁、不分亲疏，不能因外界或个人情绪的影响，表现得时冷时热。有些管理者虽无厚此薄彼之意，但在实际工作中难免愿意接近与自己爱好相似、脾气相似的下属，这样无形中就冷落了另一部分下属。因此，管理者要适当地调整情绪，增加与自己性格爱好不同的下属的交往，尤其对那些曾反对过自己且反对错了的下属，更需要经常交流感情，防止造成不必要的误会和隔阂。

有的管理者对工作能力强的下属，亲密度能够一如既往；而对工作能力较弱或话不投机的下属，亲密度就不能持久甚至对其冷眼相看，这样关系就会逐渐疏远。有一种倾向值得注意：有的管理者把同下属建立亲密无间的感情和迁就照顾等同起来。对下属的一些不合理，甚至无理要求也一味迁就，以感情代替原则。这样做，从长远和实质上看是把下属引入了一个误区。而且用放弃原则来维持同下属的感情，虽然一时起作用，但时间一长，“感情大厦”难免会倾覆。

3.洁身自好

管理者在交往中要廉洁奉公，要善于摆脱“馈赠”的绳索。无功受禄，往往容易上当，掉进别人设下的圈套，从而受制于人。有功于人，也不要以功臣自居，否则施恩图报，投桃报李，你来我往，自然会被“裙带”缠住，也会受制于人。

馈赠是一种加强联系的方式，这往往诱使管理者误入歧途。有些馈赠的背后隐藏着更大的目的，特别是在有利害冲突的交往中，随便接受馈赠，等于授人以柄，让别人牵着鼻子走。

管理者在交往中尤其要注意自己身边的人员，从实际情况来看，管理者的行为在很大程度上受制于其身边贴近的人，这些人对于管理者既有积极作用又有消极作用。平时，管理者在一些事情上是依靠他们实现管理的，而他们又转靠“别人”的帮助来完成管理者的委托，于是就出现了“逆向”的情况。管理者周围的人可直接影响管理者的行为，而“别人”又可左右这些人的行为，这里存在着一条“熟人链”。显然，这些人不仅向管理者表达自身的需要，而且还要为“别人”办事，这自然增加了制约因素。

总之，管理者应该注意不要受身边人的制约，不接受“无谓”的馈赠不仅要调整好与他们的关系，还要提高他们的素质，避免给工作增加阻力和困难。

领导应是员工学习的榜样

领导必须保证员工最为优先的需要能首先得到考虑。他们必须问问自己下属是否获得了成长——变得更健康、更聪明、更自由、更富于自觉性、更能干以及更可能像自己一样成为公仆式领导。领导应以服务作为其领袖气质的内涵。

富有领袖气质的领导者为他人树立榜样，他们乐于以衡量他人的同一标准来约束自己。富有领袖气质的领导者身先士卒，他们实实在在地说到做到。

领导者之所以身先士卒，是因为这样表明了自己对理想、方案或服务的一种坚定信念。身先士卒为领导者的尽职尽责提供了确凿的证据，它表明领导者愿意亲身实践，愿意从新方法的试行中吸取免不了的教训。

此外，通过身先士卒，领导者还可以满足下属不断探索未知领域的渴望；其下属也可以从他们的领导那儿学到各种经验，当知道自己并非是孤军奋战时，下属们会感到更加满意。

通过身先士卒，以身作则，并在重要事情上倾注大量时间和精力，领导便会成为人们仿效的榜样。

榜样能给人巨大的影响，富有领袖气质的领导人都明白这个道理。美国前副总统林伯特·H.汉弗莱说：“我们不应该一个人前进，而要吸引别人跟我们一起前进。这个试验人人都必须做。”这就是说，以身作则可以成为富有领袖气质的领导者的一股强大的力量。与你并肩前进的人总是比跟在你后面走的人更努力，也走得更远。

富有领袖气质的领导人认为：领导者是被学习的榜样，不是被赞扬的对象。树立榜样就意味着富有领袖气质的领导者要发展诸如勇气、诚实、随和、不自私自利、可靠等个人品格特征。为别人树立学习的榜样，也意味着富有领袖气质的领导者坚持道义的正确性，甚至当这种坚持需要付出很高代价的时候，也得坚持。

诺贝尔和平奖获得者阿尔伯特·施韦泽说：“在工作中，榜样并不是什么主要的事情，但那却是唯一的事情。”富有领袖气质的领导人认为，伟大的梦想并非单靠一位领导人就能独立实现。“领导”是群策群力的共同努力。领导楷模会赢得同仁们的全力支持与协助。富有领袖气质的领导人一定能以身作则，透过能创造“进步”与“冲劲”的简单日常行动，先树立典范并带头实践。富有领袖气质的领导人是透过奉献热忱，及以身作则的实践力来领导群雄的。为了领导有方，富有领袖气质的领导人很清楚自己的领导原则。领导人固守自己的信念，此外，富有领袖气质的领导人有流利的口才，以阐述共同的价值观。光是这样还不够，富有领袖气质的领导人的行为、言辞更重要，而且前后一致，一以贯之。这样，富有领袖气质的领导人才真正成为下属的榜样。

“我尝试着以身作则来领导，我希望他们做什么自己就先做什么。结果他们的表现超出我的预期。”士官长吉儿·韦德森如此说道。她是美国首位荣获陆军训练士官年度奖章的女性得主。她的伏地挺身比其他人都厉害，每分钟可以做35下；她每天工作17个小时；在雨天或泥泞中，仍坚持穿上烫得笔挺的制服和擦拭光亮的靴子。

韦德森并不是用言词来说服或教导手下学员，而是用她的行动。富有领袖气质的领导人明白刻意地塑造示范是必要的，它可以让人们将注意力、精力和努力投注在被期待的行动上，直到这些行动成为执行的标准步骤，也就是每天例行活动的一部分。

表率成就领导者的权威

身为领导者，重要的是能够作出表率，以身作则，严于律己，用行动感化下属。

一天，曹操出兵攻打张绣，途中路过一处麦田。为安抚民心，曹操下了一道军令，命令官兵不准践踏麦田，若有违令者，予以斩首。所以，官兵在经过麦田时，都下马小心翼翼地走，没有一个敢践踏的。老百姓看见了，纷纷称颂曹军。

可就在曹操骑马路过麦田时，田野里忽然飞起一只鸟儿，惊吓了他的马。那马飞速蹿入田地，踏坏了一大片麦田。曹操见状，立即要求随行官员治自己的罪，说：“我作为军队首领，自己违反了自己下达的命令，更应该被斩首。”说完抽出腰间的佩剑要自刎，被众人连忙拦住。

这时，谋士郭嘉引用《春秋》上的“法不加于尊”一句为曹操开脱，曹操沉思了好久，说：“既然《春秋》上有‘法不加于尊’的说法，那就暂且免去一死。但是，我犯了罪也应该受到处罚。”他一边说着一边用剑割下自己一束头发，掷在地上，对众官兵说：“割发权代首。”在古代，人们认为，头发由父母处继承而来，随便割掉不仅大逆不道，而且还是不孝的表现。曹操作为封建社会的政治家，能够割发代首，以身作则，真是太难能可贵了。

在戏剧里，曹操是白脸，被称为“奸雄”，这是骂他为人奸诈。然而在“割发代首”的故事里，我们却看到了一位能够以身作则、严于律己、用行动感化下属的领导者形象。可以想象，曹操之所以取得与刘备、孙权三分天下的战果，除了他惯于使用计谋之外，其凭借以身作则获取下属之心，赢得良才，也是一个重要的因素。

同样，在现代管理实践中，作为一名领导者，只有严格地要求自己，起好带头表率作用，才能折服众人。正所谓“己欲立而立人，己欲达而达人”，只有自己能够做到的事情，才能要求别人也去做到。

宗庆后作为娃哈哈集团的创始人和领导者，一直以严格自律和勤奋努力著称。他的领导风格和表率作用在集团内外都备受赞誉。

在娃哈哈集团的发展历程中，宗庆后始终坚持以身作则，严格要求自己。他深知作为企业的领导者，自己的言行举止都会对员工产生深远的影响。因此，他时刻保持良好的工作状态和积极的心态，以自身的努力和成功激励员工不断进取。

有一次，娃哈哈集团面临一项重要的产品推广活动。为了确保活动的顺利进行，宗庆后亲自参与了活动的策划和组织工作。他提前了解了市场需求和竞争态势，亲自撰写了推广方案，并反复修改和完善。在活动筹备期间，他每天都加班到深夜，确保每个细节都做到位。

当活动正式启动时，宗庆后更是亲临现场，与员工们并肩作战。他不仅关注活动的进展和效果，还主动与员工交流，听取他们的意见和建议。在活动结束后，他还亲自总结了经验教训，为未来的工作提供了宝贵的参考。

宗庆后的这种严格要求自己和起表率作用的行为，对娃哈哈集团的员工产生了深远的影响。他的勤奋和敬业精神激发了员工们的工作热情和创新精神，使整个团队更加团结和高效。同时，他的成功也激励了员工们不断追求进步和突破自我，为企业的发展贡献自己的力量。宗庆后通过严格要求自己和起表率作用，为娃哈哈集团树立了良好的企业形象和文化氛围。他的领导风格和表率作用不仅促进了企业的快速发展，也赢得了员工和社会各界的广泛赞誉。

表率就是领导者的领导力，树立领导者的权威要靠表率作用。领导者要经营和管理好一个企业，需要具备多方面的能力，但最基本的一条则是树立榜样，凭表率服众。你希望员工如何做，做到什么程度，你就应当先给他们一个示范。正是柳传志善于以身作则，表率服众，联想的其他领导者都以他为榜样，自觉地遵守着各种有益于公司发展的“天条”，才使得联想的事业得以蒸蒸日上。

振臂一呼，应者云集的领导力绝不是领导职位本身能赋予的，没有追随者的领导者剩下的只是职权威慑的空壳。因此，领导者必须以身作则，养成良好的工作习惯和培养良好的道德修养，唯此，才能获得更多的追随者，获得更多更优秀的人才，凭此才能成就大事业。

既要避亲又要避疏

在冷风瑟瑟的冬日里，有两只困倦的刺猬想要相拥取暖休息。但无奈的是双方的身上都有刺，双方无论怎么调整睡姿也睡不安稳。于是，它们就分开了一定的距离。但又冷得受不了，于是又凑到了一起。几经折腾，两只刺猬终于通过自己的努力找到了一个合适的距离，又能互相取暖，又不至于刺到对方，于是舒服地睡着了。刺猬能够舒服地睡着而不刺到对方，就是因为它们之间保持了合适的距离。有人说，恋人必须保持一点距离，这样，才能使魅力永恒。距离产生魅力，距离维持魅力，这是一个“相对真理”。在管理艺术中也应遵循这一点，管理者与下属相处时，更应记住保持一定的距离。当然，若距离太远，“可望而不可即”，让人“敬而远之，望而生畏”“神圣得不可接近”，似乎也没人买账。

所谓距离有几种：一种为心理距离，即在内心保持这种意识。你所做的一切，密切联系“中间派”也好，与“中间派”打成一片也好，只是为了更有效地开展你的工作，巩固你的地位，维护你的权威，而不是真的你好、我好，大家因而忘乎所以。

另一种为实际接触距离，由接触的远近、频次来表现。离得太近，接触太频繁，都是实际接触距离不当。在与“中间派”的相处中，绝不能让他们觉得与你交往可以无所顾忌。

与疏远者尽量靠近。对于与上级关系疏远的人，作为上级应主动努力去缩小距离。缩小距离的措施，主要是针对造成疏远、反感的原因，或采取改变时间条件，或采取相似性吸引和接近性吸引，或采取报偿性吸引和仪表性吸引。通过改善条件、增强吸引来实现彼此了解，不断增进友谊，逐步改善关系。如果采取冷落、排斥态度，必然会导致距离越来越疏远，关系越来越紧张。

与亲近者保持适当距离。“亲者严，疏者宽”是管理者处理上下级关系的重要原则。这实际上是说，要通过“宽”“严”来调节自己与不同人的关系。事实证明，上级偏袒亲近者，也是不平等待人的做法，往往对工作和上下级关系不利。明智的领导者不仅要对亲近者与疏远者平等对待，而且要与亲近者保持适当的距离，不要发展到亲密无间的程度。

人都有这样一种“惯性”，即“得寸进尺”。你要是对他近乎些，久而久之，他便会由最初夸赞你这位领导没有架子开始，进而和你称兄道弟，不分轻重，说不定还会将自己的意愿与你的指挥做一平衡。

一天，李萍在自己的办公室里接待一位客户，张敏敲门后进来，以为没有别人，就冲着李萍问：“嗨，老妖精，今天晚上去看电影怎么样？我搞到了两张票。”李萍的脸色立即很不自然，看都没看张敏，只说了一句：“你风风火火的像什么样子？这是在办公室。”张敏愣了一下，这才发现在那张宽大的黑色沙发里，坐着一位客户。李萍由于与张敏的距离保持不当，才发生了上述尴尬的事情。管理者可以一直以“与中间派打成一片”的形象出现，这样“中间派”可以比较自由地向领导者反映各种情况，还可以在非正式的场合称呼随便点。但是，绝不能允许他们没上下级观念，也不能允许他们太放肆。得让“中间派”清楚，领导永远是领导，无论领导多么和蔼可亲、多么平易近人，他也是为了更方便地开展各种工作、实施各项措施。领导艺术的高明、巧妙，只是从另一方面证明了他是一位领导的事实。让“中间派”感觉到这一点，既利于自己决策的平稳展开，也在不知不觉中树立了领导者个人深入群众、深得人心，同时又有工作魄力、有业务能力的良好形象。

业务部的杨菁是个很能干的女孩子，去年还成了全公司的销售状元，由此深受陈经理的赏识。杨菁活泼大方，性格外向，所以陈经理和她很谈得来，经常在工作上帮助杨菁，杨菁本来人就很聪明，受高人指点，这下业务能力大有提高。第二年年底，杨菁被陈经理任命做销售部主管。做了主管后，由于要花一些精力管理，杨菁的销售业绩有所下降，公司的风言风语就多了起来。一天她和陈经理一起吃饭，隔壁房间传出几个同事熟悉的声音："看，杨菁现在卖不出东西了吧！这都怪陈经理用人不当。""杨菁本来就没有管理能力嘛，也许是陈经理看在她天天陪吃饭逛街的分上，给了她这么个安慰奖。"杨菁和陈经理面面相觑，两人再无半点食欲。上司可以与员工关系和谐，但不必太过亲近。这里面有个"度"的问题，一旦越过上下级，进入私密的领导层，不仅不利于对员工的管理，而且还会产生很坏的影响。

企业内部建立、健全各项管理制度，使企业的一切行为规范化、制度化。制度管理是管理的方法和手段，亲情和感情管理是一个企业的企业文化，它应该融合在企业的管理制度中，在企业的管理制度中体现出来，而不能"凌驾"于企业的管理制度。否则，实行亲情管理和感情管理，就会增加管理者决策的随机性、人为性和不稳定，从而产生员工之间的不公平、不对等的情况，从而降低员工对企业管理的信任度。

上级与下属之间往往存在着或亲或疏的现象。其实这也是必然的。造成亲疏的原因多种多样，既有时间因素，又有空间因素，还有文化素养和性格、志趣因素等。时间是事物过程的展开，人与人之间友谊的加深，离不开必要的时间积淀，上下级之间也是如此。一般来说，相处时间越久，感情就越深；相处时间越短，感情就越浅。上下级之间思想文化素养接近，思想和智力的组合就易于和谐，就容易建立亲密关系；思想文化素养相差太远，思想和智力组合必然欠佳，就不容易建立亲密关系。性格相合易相吸，志趣相投易交往。这些都会给上下级关系的密切程度带来一定影响。此外，工作性质、能力、资历、对上级工作的支持程度等，也影响上下级的关系。

人都有“热熟”的心理。生人或接触有限的人，因为摸不清底细，便不敢轻举妄动。大家相当熟悉，没有了距离，从生活习性到特长爱好，了如指掌。根据你的喜好投你所好也好，知道你的弱点采取相应对策也罢，你每行一步都在别人的掌握中。如此，你是领导者，还是被监控的对象，甚至被利用的傀儡？

对大多数人来讲，“威严”是制造出来的，人和人能差到哪里去？为什么一人必须听从另一人的指挥？就是因为他有一个上司的头衔，这头衔便是对距离的一种丈量。

管理者既要避亲，防止因为与员工过分亲近而影响自己的权威，也要极力避疏，防止对员工失去领导和控制，防止没有人追随自己。

一旦决定惩罚就不要手软

领导者对部下“打巴掌”的时候，不能姑息手软，技巧性的要诀就是：“稳、准、狠”。这样才能给他留下深刻印象，达到惩罚的目的。

第一要“稳”。采取强硬手段惩罚一个人，有时要冒很大风险。这主要在于，被惩罚者有时有良好的人际关系，有时掌握着关键技术，有时有着很硬的后台。但领导者不能因为有这些担心就不敢果断采取行动，事实上，只要谨慎行事，就可以既达到惩罚目的，又不会出现不利的后果。拿这样的人开刀，要对其背景多加考虑，慎重行事。惩罚不当终会带来抑制和报复，因此在动手之前首先应想到后果，拿出应对一切情况发生的可行办法。

第二要“准”。批评、惩罚都要直接干脆，针对其弱点，直刺痛处，争取一针见血。

第三要“狠”。一旦认准时机，下定决心，便要出手利落，坚决果断，毫不容情。切忌犹疑不定，反复无常，拖沓推诿。

一些杰出的领导者的经验是：“一旦采取坚决措施，便变得‘冷酷无情’。”即使当他们不得不解雇某人时，也并不因强烈的内疚而变得犹豫不决。这样做，也是在向众人显示，我这一做法是完全正确、适宜的，这是最好的选择。

要加强对员工的约束，有强化纪律的书面制度，保证下属受到公平的对待，避免一时冲动给他们严厉的惩罚。

如果是第一次犯错，口头警告，让他们知道哪里错了，指出应该如何改正即可。同时，记下这一次错误发生的具体情况，让他们真正认真起来，明白对于任何错误，领导者都是不会熟视无睹的。

第二次犯错，书面通知，并警告他们说下次犯错误受罚、扣工资或者调换工作。如果屡教不改，根据公司规定和员工所犯错误的性质及程度，给予长短不同的停工时间，停发一切报酬。这是给予的真正惩罚，丝毫不能手软。

第三次犯错，降职、降级，或者调换工作、开除。可根据具体情况，做出上述惩罚之一。其中调换工作是最常见的，因为这样既可减少解雇给员工造成的打击，又可以使自己减少一个问题户。

上司在惩罚下属时往往也是迫不得已的，但一旦做出决定，就不能心慈手软，要讲究稳、准、狠，否则只会降低自己的威信，反而导致下属的放任自流，无法形成严明的纪律。

第九章

培训：对下属培养很重要

培训就是培养和训练，就是通过培养加训练使受训者掌握某种技能的方式。培训是给有经验或无经验的受训者传授其完成某种行为必需的思维认知、基本知识和技能的过程。基于认知心理学理论可知，职场正确认知（内部心理过程的输出）的传递效果才是决定培训效果好坏的根本。

为人才创造成长环境

美国石油大王保罗·盖蒂的事业以惊人的速度发展。未满24岁的盖蒂仅用了两年的时间就已完成了1914年9月开创事业时的目标——赚到了第一个100万美元。首战告捷，盖蒂有些忘乎所以，于是他给自己放了长假，年仅24岁就宣布退休了。随后他买了一辆跑车，四处旅游，可是不久他便发现创业对他更有吸引力。

当他26岁准备东山再起时，石油热潮已从俄克拉荷马州转移到南加利福尼亚州。盖蒂依然保持着过去的习惯：他把大部分时间花在油田上，跟员工一起工作。这当然要感谢前几年学徒的经历，使他看起来很像个熟练的石油工人。他的员工把他当成志同道合的伙伴，因为从未有人看到过一个百万富翁和石油工人一起工作。这不仅使士气高昂，进展神速，而且还带来了许多意想不到的收获。

当时，南加利福尼亚州新发掘出好几百口油井，因此有经验的油田工人供不应求。众多大石油公司的人事主任，因为业务需要，到处疯狂地找人，纷纷以高薪征求员工。

但是，大多数油井老手并不喜欢在利诱之下卖命工作，反而更愿意找一个出价虽不高，但能了解他们，和他们并肩工作的老板做事。盖蒂就有一次类似的经历。

那时他正在开采一口油井，而附近恰恰有一家大公司也在开采一口油井。可以看到，那家公司给予员工极好的待遇，还有可观的奖金。他们甚至给员工提供热水浴池和洗衣机！提供的这些条件，作为独立采油者的盖蒂是做不到的，因为提供这些优越条件的花费远远超过了他的支付能力。

然而，在他开工后不久的一天下午，一个工人来到了他的油田，要求见老板。有人向他指出盖蒂之后，他走了过来，并立即请求给他一份工作。

“你目前有工作吗？”盖蒂问道。

“有的。”他回答。

“在什么地方？”

“那儿。”那个工人指着旁边那家大公司的油井回答道。盖蒂很惊诧，他坦诚地告诉那个工人自己的员工既没有高薪，也没有什么舒适的物质条件。他还说：“我真的不理解，你为什么要离开那天堂般的工作环境而加入我这个原始的小公司？”

“我在那边干了有4个月，”那个工人显然很不满，“但我们只挖了4000英尺！”

“你猜猜我们这里挖4000英尺要花多长时间？”盖蒂问。

“从你们的工作情形看来，大约10天就行了！”他笑着说，“因此，我宁愿为你工作……

当然，盖蒂最后雇用了他。

高薪是留住人才的原始武器，但是越来越多的人并不满足于此。在市场经济越来越发达的今天，这一武器也慢慢丧失了原有的效力。

薪水是付给员工的劳动报酬，并不是单纯意义上的金钱。员工在追求高薪的同时也在追求自我价值的实现，追求事业上的快乐，一个利于人才自我发展的环境和空间、氛围更易让人才动心，即使它的薪酬并不高。

作为企业领导者应该记住，员工加入你的企业的最初动机不是企业的成功，也不是领导人的成功，而是谋求自我的更大发展。明白了这一点，创造一个有利于人才自我成长和发展的环境和氛围，人才才会乐于留下来与企业同甘共苦。

1982年春季，Sun微系统公司创立于硅谷。当时，维诺德·科斯拉找到在斯坦福的同班同学麦克尼里，和他一起创建了一个生产一种前所未有的功能强大的工作站计算机的公司。他们给这个公司取名为“Sun”。

1990年，Sun公司的软件工程师帕特里克·纳夫顿，对Sun的开发环境感到不满，决定离开Sun公司去Next公司工作。他向麦克尼里递交了辞呈。本来对于Sun这样一个人才济济的公司来讲，走一两个人是无足轻重的，但是麦克尼里敏感地意识到了公司内部可能存在着某种隐患。于是麦克尼里请求纳夫顿走之前写出他对公司不满的原因，并提出解决办法。

当时，纳夫顿抱着“反正我要走了，无所谓”的想法，在辞职信中大胆地指出了Sun公司的不足之处。他认为Sun公司的长处是开发能力，但是公司对科研人员管束太严，不利于个人才能的发挥。公司应该早日改变这种现象，才能真正做到以技术取胜。他建议Sun在技术领域锐意进取，应该使当时100多人的Windows系统小组中的大多数人解脱出来。这封信在Sun公司内引起了很大的反响。麦克尼里通过电子邮件将这封信发送给了Sun的许多顶层软件工程师，很快麦克尼里的电子信箱就塞满了回信，这些信件都来自支持纳夫顿关于公司现状评述的同事。

麦克尼里决定成立一个由高级软件开发人员组成的小组，给予该小组充分的自主权，让他们做自己想做的事情，只有一个要求：一定要有惊世之作。于是Sun公司就诞生了一个代号为“绿色”的小组，这个小组的努力方向是，开发一种新的面向使用者的、代号为“橡树”的编程语言。于是，互联网发展史上的里程碑、富于传奇色彩的Java就这样诞生了。

宽松自主的工作环境为Sun公司招揽来了业界的众多天才，他们促使麦克尼里的事业如日中天。

优秀的人才尤其是科研人才喜欢在一个能让他有充分自主权的环境里工作，这样他们就能有充分的自由，越过一般的条条框框，做一些开创性的工作，超越现有的极限。要创造这样一种环境，企业领导首先要做的，就是尊重并信任人才，充分授权，最大限度地发挥优秀人才的自主性。

培训支出是企业投资

高素质的员工能够最大化地为企业创造效益，而低素质的员工总是在效率低下的工作状态中无意识地流失掉企业的利润。平庸的员工不但绩效平平，而且企业要在他们的辅导培训、对工作后期改进以及对他们的失误和错误进行补救上，付出巨大的财力和精力投入。

企业中还流行“培训浪费论”的说法，认为培训是一项昂贵且得不偿失的活动。很多管理者认为企业的目的就是利润，花钱搞培训完全没有必要，认为现在高校每年毕业生很多，人才市场供过于求，用人完全可以到市场招聘，投资方没有必要浪费钱搞培训；即使搞培训也不愿意多掏腰包，而是尽可能地削减培训费用。

这是对培训的最大误解。在世界优秀的企业里，员工培训被认为是企业投资回报率最高的可增值投资。据美国教育机构统计，企业在员工培训方面每投入1美元，便可有3美元的产出。美国《财富》杂志指出：“未来最成功的公司，将是那些基于学习型组织的公司。”成功学大师克里曼·斯通说：“全世界所有员工最大的福利就是培训。”

这些优秀的企业管理者认为，员工培训可以提高员工的自觉性、积极性、能动性、创造性和企业归属感，可以增加企业产出的效益和组织凝聚力，并为企业的长期战略发展培养后备力量，从而使企业长期持续受益。他们已经将员工培训发展为企业解决实际和潜在问题、提升竞争能力、拓展市场份额、制定发展战略的核心工具之一。

以华为为例，作为全球领先的科技公司之一，华为深知员工培训的重要性。为此，公司设立了专门的培训机构，定期为员工提供各种技术和管理培训。这些培训不仅涵盖了产品知识和技术技能，还包括领导力发展、团队协作和跨文化沟通等方面。华为坚信，通过培训，员工能够更好地适应市场变化，提高工作效率，同时也能够为企业的发展贡献更多的力量。

在华为的培训体系中，技术和管理培训是相辅相成的。技术培训旨在帮助员工掌握最新的科技知识和技能，使他们能够在各自的岗位上发挥最大的价值。而管理培训则侧重于提升员工的领导力和团队协作能力，为企业培养出更多的管理精英。此外，华为还注重员工的跨文化沟通能力培养，以适应全球化背景下的市场竞争。

与华为相似，阿里巴巴也是中国企业中培训的佼佼者。阿里巴巴非常重视员工的个人成长和职业发展，因此投入了大量的资源用于员工培训。阿里巴巴的培训内容非常丰富多样，包括技术培训、业务培训、领导力培训等。这些培训旨在帮助员工不断提升自己的能力和素质，为企业的长远发展奠定坚实基础。

值得一提的是，阿里巴巴还鼓励员工参加外部培训和学习，以拓宽视野和增强竞争力。这种开放式的培训模式不仅激发了员工的学习热情，也为企业带来了更多的创新和发展机遇。在阿里巴巴看来，员工的成长与企业的发展是密不可分的，只有员工不断进步，企业才能在激烈的市场竞争中立于不败之地。

国内很多管理者对培训产生误解的原因有很多。首要原因是培训需求调查工作做得不够，即课程设计与人的需求脱节，致使管理者认为培训毫无用处。第二个原因是企业对培训太急功近利，希望“一口吃个胖子”，总想让员工一经培训就能提高素质，企业就能见到效益。在培训之后，往往发现事与愿违，培训员工的积极性受到挫伤。第三个原因是害怕员工流失。很多企业发现，在对员工进行培训之后，被培训的员工流失倾向越来越严重，特别是一些培训后的技术骨干员工。出于对员工培训后流动的顾忌，有些企业对培训已经不是那么热衷。

殊不知，不对员工进行全方位的培训，即使员工的忠诚度很高，但他们的素质没有得到快速提升，这些低素质员工每天都在使企业流失潜在的市场机遇和看不见的利润。不对员工培训，是管理者对企业不负责任的表现，是企业最大的浪费。

搞清员工需要学习哪些知识技能

企业对员工的培训会遇到这样的问题：员工不培训，企业的效益难以提升，花了大量人力物力进行培训，效果却不显著。出现这种问题的根源在于：企业的员工培训没有针对性。培训要有针对性，正如孔子的话“中人以上可以语上也，中人以下不可以语上也”。

在员工培训操作过程中，令企业经营者大为不解的是：培训课程结束时填写的反馈问卷的结果显示，大家对讲师及培训课程的效果表示满意，但不能在实际工作中运用，培训似乎毫无效果；在一个培训课程开展前，报名者多，但到开课时实际到场听课者却寥寥无几。

出现上述问题的根源在于企业经营者没有做好培训需求分析，没有找到员工真正的培训需求。这一方面，爱立信公司的很多做法值得借鉴。很多企业的员工培训都是企业从外部强加的，至于员工是否愿意接受，抑或是接受的程度有多大，这些企业都无从知晓。因此，爱立信领导者认为，员工的培训应该针对员工的需求入手。

为了确保培训项目符合员工的需求，爱立信专门成立了一个课程研究部门——课程发展部。这个部门的主要职能是讲授爱立信的各类培训课程，这些培训课程有明显的阶梯、明确的课程顺序，以确保课程体系的完整和课程的质量。每年年初，根据市场部的需求预测及课程发展部的课程安排，制订全年的培训计划，内容包括课程名称、时间、费用和名额等。

所有的课程确定后，公司行政部门会把这一年的培训计划放在公司内部网上，全公司的任何员工都可以上网查询。爱立信下属各部门根据部门的培训费用预算及员工培训计划安排本部门的培训实施方案。在部门内部，每个员工都和部门经理有一到两次关于“个人发展计划”的沟通。部门经理根据员工的个人兴趣、意愿，为员工制订出针对性较强的培训方案。所以，爱立信的培训项目都很受员工的欢迎，因为这些项目都是他们自愿选择的。因此有人说，在爱立信，员工个人能力的提升，50%的责任在公司，50%的责任在员工自己。

爱立信的培训项目和培训计划并不是一成不变的。培训中心放在公司内部网上的培训计划每月更新一次，更新的主要内容有：通知员工哪个课程已经报满，哪个课程还有席位，又增加了哪些新课等，一旦有新的培训计划出来，员工就可以根据和部门经理沟通的结果去培训中心报名。爱立信的员工每月月初都十分关注培训计划的最新消息，以避免耽误自己的培训计划，从而使自己的培训进程高效率推进。

爱立信在中国和世界范围取得成功的关键环节之一是能充分调动员工潜力，重视员工的培训，“培训是爱立信的传统”，正是注重对员工需求的精准把握，多年来，爱立信在电信及相关设备供应方面一直居世界领先地位。

LG公司在兼顾员工培训需求方面，采取的是和爱立信截然不同的做法。LG公司的培训中心根据员工的不同要求为其设立不同内容的课程，然后让各部门员工自己选择参加。他们的培训分“必修”和“选修”两部分。就像是在大学里上课一样，公司文化、思维理念的培训课程通常是“必修”，非常专业化的课程一般为“选修”。通过这样的课程设计，既能把公司的经营目标与员工的个人需求很好地结合在一起，又能为员工创造一个机动灵活的培训安排空间。

在针对员工个性需求方面，LG公司还有一个别具特色的做法，他们设计了以网络为基础的学习软件，活用网络提供的资源，以远程教育的形式营造有利的环境来促进学习。培训中心把培训的课程保存在可移动电子空间里，每个员工可以不受时空限制地按照自己的方式和进度进行自我培训，完成培训课题后，公司专门安排的培训指导人员会把这种学习的效果评估反馈给员工。

另外，LG公司的培训中心充分利用便捷的互联网资源，在网络世界里实现世界各地分公司的直接交流，交流内容包括课程的各种设置、培训的方式和方向等。比如中国的员工可以查看韩国培训中心的课程运营表，并可以自主决定是否参加。

选择最有效的培训方式

因材施教是开展员工培训必须遵守的一条重要原则。其实，对于企业而言，员工培训的目的是促进员工成长，从而实现企业对其的期望。这就需要企业在实施员工培训时，应该在因材施教的基础上，更加注重培训方式的有效性。评价有效性的重要标准是看培训的对象是否按照企业的培训愿望进行成长。

海尔在实施员工培训时，从来都是从企业的培训愿望出发，对培训对象采取最为有效的培训方式。海尔培训工作的原则是“干什么学什么，缺什么补什么，急用先学，立竿见影”。

以海尔集团常务副总裁柴永林为例子。他是在20世纪80年代中期企业发展急需人才的时候入厂的。一进厂，企业领导就在他的肩上压上了重担。领导发现，他的潜力很大，只是缺少一些知识，需要补课。企业希望他将来能够承担更大的职责，所以就安排他去补质量管理和生产管理的课，到一线去锻炼，边干边学，拓宽知识面，积累工作经验。

连柴永林自己都承认，这是最有效的培训方式，经过基层的几年锻炼，他各方面的能力都得到了补充和加强，对企业运营的宏观认知也上了一个大台阶。由于业绩突出，柴永林在1995年被委以重任，负责接收了一个被兼并的大企业。一年后，他就使这个企业扭亏为盈，并使这个企业创造了两年之内成为行业领头羊的发展神话。随后，他不断创造奇迹，《海尔人》报称赞他：“你给他一块沙漠，他还给你一座花园。”

海尔的员工培训思路是“人人是人才”“赛马不相马”。海尔集团自创业以来一直将员工培训工作放在首位，上至集团董事长，下至车间一线工人，公司都会根据每个人的职业生涯设计制订出极具针对性的培训计划，搭建个性化发展平台。在海尔，公司为员工设计了三种职业生涯：一种是对管理人员的，一种是对专业人员的，一种是对工人的。每一种都有一个升迁的方向，每一种都设置有一整套的专业培训。

海尔员工培训的最大特色是将培训和上岗、升迁充分结合起来。海尔的升迁模式是海豚式升迁。海豚是海洋中最聪明、最有智慧的动物，它下潜得越深，则跳得越高。如一个员工进厂以后工作表现很好，很有潜力，企业期望他做一个事业部的部长，但他仅有生产系统方面的经验，对市场系统的经验可能就非常缺乏。

怎么办？派他到市场上去。到市场去之后他必须到下边从事最基层的工作，然后从这个最基层岗位一步步干上来。如果能干上来，就上岗；如果干不上来，就回到原来的老岗位上去。即便是公司的高层管理人员，如果缺乏某方面的经验，也要派他下去，到基层去锻炼。

海尔的培训方式注重有效性还表现在现身说法上。以技能培训为例，技能培训是海尔培训工作的重点。技能培训采用的是通过员工身边案例、工作现场进行的“即时培训”模式。具体说，就是抓住实际工作中随时出现的最优秀或者最失败的事例，当日下班后立即在现场进行事例剖析，针对事例中反映出的问题或模式，来统一人员的动作、观念、技能，然后利用现场广告牌的形式在区域内进行培训学习。

对一些具有典型意义的事例，他们会发表在集团内部的报纸《海尔人》上，引发更大范围的讨论和学习，从而使更多员工从案例中学习分析问题、解决问题的思路及观念，提高员工的技能。海尔就是凭借这种最为有效的培训方式来保证企业持续高速发展的。

优秀的企业管理者应该像海尔一样，在因材施教注重培训针对性的基础上，突出培训方式的有效性、适用性，从而使培训产生巨大的经济效益。

引导员工成长

很多企业只是把培训当作一种形式，而不注重引导员工个人成长，这是非常不可取的。

山东某食品公司设有培训制度，小培训每周都有，大培训一月一次。但是效果很不理想。有一天，老总因为员工业绩不好很生气，脸红气粗地坐在办公室生闷气。

他刚刚招进来的女助理看不下去，就想进来宽慰老总。谁知她还没说话，老总先说话了："简直是一群窝囊废。"说完，他觉得这个说法不合适，就尴尬地解释："我是说那些负责销售的是一群窝囊废，销售业绩这么差。"

女助理并不在意，说："那请问这群窝囊废是谁招回来的？"老总反应得挺快，说："你不提还好，一提我更恼火，那群窝囊废是人力资源部的那几个窝囊废招回来的。"女助理继续问："我们回到原点看看，人力资源部那几个窝囊废又是谁招回来的？"

老总看了她一眼，不再说话。过了半分钟，老总看着女助理，问："你什么意思？这样问我？"女助理觉得已经到了说正题的时候了，说："没有一个人是窝囊废，但不培训，企业只能是养窝囊废的地方。"老总不赞同，说："我们有培训呀，每周不是都有安排嘛！"

这时，女助理拿来公司的摄像机，让他看了一段培训课程的录像，说：

“你觉得这是培训吗？”摄像机里播放的场景是：老师松松垮垮，很多学员在下面睡觉。女助理进一步问：“你是企业的老板，在内心深处重视过培训吗？你去听过一堂课吗？”老总涨红了脸不说话。

这位老总很感谢这位新任女助理所说的真话。第二天就对公司的培训制度进行了实质性的改革。其实，除了合理、公平的薪酬待遇之外，员工更为关注的是个人的发展空间。就企业而言，不能简单地把员工圈在一个地方后，就不管不问，忽视员工的职业发展。

企业管理者要知道，几乎所有的员工都是有理想、有追求的，他们非常愿意为公司创造更多的利益。优秀的企业管理者一定会帮助员工得到预期的利益、实现自身价值。

我们反观国际上很多优秀企业的做法，就会发现我们自身的不足。跨国公司非常注重指导员工的职业生涯设计，为员工提供持续充电的机会，促进其个人计划实现。加强员工培训，促进员工进步，使他们感到前途可观，有奔头。

在这一方面，微软就做得极其出色。微软公司的人力资源部制定有“职业阶梯”文件，其中详细列出了员工从进入公司开始，一级级向上发展的所有可选择职务以及不同职务需具备的能力和经验，使员工在来到企业之初便对日后的职业发展心中有数，目标明确。

在微软，扁平化的组织架构、开放民主的工作作风使每一个有才华的人都有机会把自己的成果融入产品中去影响千千万万人，这使得员工具有很大的成就感。

另外，微软的各级主管都是很“开明”的领导，他们只为下属提供工作方向，而不事事躬亲，每个部门主管最主要的工作就是要“为公司寻找到比自己更优秀的人”。

因此领导对下属的工作是“引导”，而不是“控制”。微软还倡导“鼓励冒险”的文化，对于失败，只要勇于承认，换一个方向继续开发，也不会遭到什么非议。正是这良好的工作环境使大批人才在微软得到了长足进步。

优秀的企业文化是引导性文化，能够诱惑企业员工不断进步。培训是企业向员工传递企业文化的载体和步骤。培训不仅要加强员工的技能成长，还要增强员工对企业文化的理解和认知。如同微软向员工展现的“引导成长”的企业文化一样，企业员工培训的终极追求一定是促进员工进步。

以培养未来老板为标准

当今这个时代，员工更愿意为那些可以有助于他们成长的公司服务。“留住人才的上策，是尽力在公司里扶植他们，”管理顾问斯温说，“那些最开明的企业在这点上很坦诚。它们会告诉员工，碍于竞争压力，它们无法保证给予他们工作保障，但会设法激励他们、帮助他们成长。这样至少能给他们带来一股工作激情和满足感。”

壳牌集团，作为一家全球领先的国际石油企业，不仅稳居全球500强公司的前列，更在员工发展领域树立了行业典范。壳牌深知，员工的成长与公司的长远发展息息相关，因此投入巨大精力在员工个人发展上，从而为公司带来了持续的创新和竞争力。

壳牌的员工入职后，不是简单地经历一段时间的轮岗学习，而是立即承担起实际的工作职责和任务。这种实战式的学习方式让员工在职业生涯初期就能接触到真实的工作环境，从而更快地积累经验和技能。壳牌的人力资源部门设有专门的机制，持续跟踪和评估员工的工作表现，提供及时的反馈和建议。当员工在某些方面表现出不足时，壳牌会提供相应的培训，帮助他们弥补短板，提升能力。

壳牌致力于促进员工的全面发展，鼓励员工在公司内部实现个人事业目标。为此，壳牌建立了完善的职业发展体系，为员工提供了广阔的晋升空间。无论员工是希望成为技术专家，还是希望进入管理层，壳牌都会为他们提供相应的发展路径。只要员工有愿望和主动性，壳牌就会为他们创造机会，帮助他们实现职业目标。

壳牌内部招聘系统随时更新公司的内部空缺职位，鼓励员工根据自身的能力和兴趣应聘。这种内部流动机制不仅让员工有机会接触到不同的业务领域，也为公司带来了更多的活力和创新。员工可以通过内部招聘，找到更适合自己的岗位，实现个人价值的同时，也为公司的发展做出了更大的贡献。

在招聘新员工时，壳牌依据分析力、成就力和关系力三项指标进行选拔。分析力要求员工能够高瞻远瞩，从众多信息中抓住关键；成就力强调员工的挑战精神和激情，是实现事业追求的前提；关系力则要求员工具备良好的人际交往能力和团队合作精神。这三项指标共同构成了壳牌的人才观，也是壳牌能够持续吸引和留住优秀人才的关键。

在员工成长过程中，绩效评估扮演着至关重要的角色。壳牌通过绩效评估来全面衡量员工的工作表现和能力增长情况。经理与员工共同制定未来一年的发展目标，包括能力提升和业务拓展。这种目标导向的绩效评估方式，不仅让员工明确了自己的工作方向，也为他们提供了持续进步的动力。

正是基于对员工个人成长的重视和投资，壳牌得以长期保持行业领先地位。员工的成长为公司带来了丰厚的回报，使壳牌成为国际石油、天然气和石油化工领域的主要生产商。壳牌在全球30多个国家的50多个炼油厂拥有权益，并在石油化工、公路运输燃料、润滑油、航空燃料及液化石油气等领域占据重要地位。同时，壳牌在液化天然气行业具有先驱地位，并在全球大型项目融资、管理和经营方面积累了丰富的经验。

总之，壳牌集团通过重视员工个人成长、建立完善的职业发展体系、提供内部流动机会以及实施目标导向的绩效评估等方式，成功地打造了一个充满活力和创新力的员工队伍。这也是壳牌能够长期保持行业领先地位的关键所在。

如果你想要使公司保持高速发展，促进员工高速发展绝对是一条捷径。

告诉员工你对他的期望

领导的期望就是一条沟渠，被领导期望的员工像是流在沟渠里的水，总是能快速地实现领导的期望。要想促进员工成长，让员工知道企业对他们的期望很重要。

企业对员工的期望，表达的主要方式是分配其重要任务。英国卡德伯里爵士认为："真正的领导者鼓励下属发挥他们的才能，并且不断进步。失败的管理者不给下属决策的权利，奴役别人，不让别人有出头的机会。这个差别很简单：好的领导者让人成长，坏的领导者阻碍他们的成长；好的领导者服务他们的下属，坏的领导者则奴役他们的下属。”

让员工承担重要工作，是促进员工成长最有效的方式。松下幸之助就很重视企业人才的培养，他常对工作成就感比较强的年轻人说：“我对这事没有自信，但我相信你一定能胜任，所以就交给你办吧。”根据员工的才能、潜力委派任务，再适时加以指导和引导。对工作成就感比较强的员工，要善于压担子，为其提供锻炼与发展的机会，以挖掘其潜力，创造更大的成绩。领导者越是信任，越是压担子，员工的工作热情就越高，工作进展就越顺利。

作为世界上最大的石油和石油化工集团公司之一，BP（英国石油公司）就常用任务来促进员工成长。BP建于1909年，总部位于英国伦敦，是由原英国石油、阿莫利、阿利、嘉实多 4 家集团组合而成的。业务包括石油及天然气的勘探和生产、天然气和电力、石油销售以及石油化工和清洁能源太阳能。它也是世界上主要的交通燃料制造商和销售商，在燃料质量、装运、销售和零售方面享有盛誉。BP全球雇员约115万人，在全球拥有29200个加油站，其中在美国有1500个。

BP首席执行官布朗要求BP公司里的每个员工都要清楚两点：第一，自己的任务是什么，自己应该做什么，而不是由别人告诉你应该做什么。如果是公司的管理人员，他还要对团队成员的才能、素质以及自己掌握的资源所能做成的事情十分清楚。第二，任何人都要能作出详尽的工作计划，在研究公司战略上必须清楚和能正确评估其资金实力和可能有的多种选择。通过这两点，保证了整个团队的每个人都知道自己该做什么。因为每个人都理解什么事情能做和应该怎么做，就能行动迅速，员工就能随着工作的完成而得到快速成长。

BP很重视对年轻人、开发管理人才的培养。他们的目标是使每一个进入

BP的人都能做得更好。他们对有才能的年轻人进行培训，让他们到不同岗位、不同国家工作，丰富他们的经验，提高他们的领导技能，有能力的就提拔。对公司一级的接班人，还要让他们了解公司整体状况，了解决策是怎样做出的。决策前必须听到最好的建议，而不是先决策，再咨询。

对于有潜质成为重要高级管理人员的人，布朗培训最独特的方法之一是让他做1年至1年半布朗的个人助理，在公司内被戏称为“海龟”——这个词来自美国动画片《忍者神龟》。作为布朗的助理，小到递雪茄盒，替他做日程，大到旁听董事会辩论、决策，都要全程参与。布朗说，这是让年轻人通过观摩来学习怎样做出正确决策，怎样向人解释决策，怎样沟通，碰到问题时知道哪些该做，哪些不该做，明白如何分轻重缓急等，核心问题是学会怎样成功。

BP是个大公司，许多事情要靠各级管理者个人决断，所以，布朗认为，最好一次性选对人，否则后患无穷。被重点培养的人，能够充分感受到公司的期望，所以，从布朗办公室走出的高级管理人员的工作都很出色。“我们有最好的队伍”是BP骄傲地写在年度报告上的三句话之一。布朗说，正是这样的机制使BP非常有效率。

相反，把员工看作螺丝钉，员工丝毫感觉不到公司对他的期望，公司管理者出于担心员工能力不足把事情做错而事必躬亲，不仅累坏了自己，也不利于员工的进步和企业后备人才的培养。员工获得成长，管理者才能更轻松。管理者不能代替下属学习，他们能做的是对下属言传身教，对下属的工作予以指导和鼓励。告诉员工你对他的期望，他就能达到你的期望。

促使员工的能力高于对手

员工成功，企业才能成功。这句话的背后隐藏着一条重要的前提：让员工具备能力，尤其是区别于对手的独特能力，员工才能成功。作为企业管理者，注重培养下属的能力是一项基本的、重要的工作。企业管理者最为重要的职责就是要将下属训练成狮子，将团队变成狮子群，而不需要将自己变成狮子。

某航空公司承接了一份短程往返航班的分包合同，就是把乘客从主航线机场运送到地区内的其他小机场。执行起这份合同对于这家航空公司来说，并不是什么难事，它有足够的实力完成得很出色。但是，结果却事与愿违。

尽管这家分包公司的员工懂礼貌、勤奋，工作效率也很高，但是自从该航班开始运行后从来不能按时到达，更糟的是几乎不断取消航班，使得乘客总是迟到数小时，有时甚至迟到一天，经常耽误重要活动和会议，乘客的怨言很大，越来越多的人放弃乘坐该航班，改换其他方式。最后，由于运营效益太差，短程往返航班服务合同被上级合作单位收回，公司随之倒闭。

作为服务型企业，航空公司的员工素质和工作能力决定着企业的存亡。后来，这家公司的老板在反省经营问题时，他把“没有注重员工能力的培养”当作失败的第一大原因。

其实，对任何公司而言都是一样的，从这个事例中，我们得到的警示是：只要员工能力差就会危及整个公司满足顾客需要的能力，从而使企业失去生存的条件和基础。作为企业管理者，有责任不断增强企业利润链中的第一环：员工的工作能力。这是企业成功运营的基础。

只有短视的企业家才将促进员工成长当做公司最大的浪费，而那些目光长远的企业家总是能够在员工的能力成长上获得丰厚回报。虽然企业可能成为一所临时学校，人才流失率比较高，但是，培养新员工的职能技术，使员工具有竞争能力，是企业获得高速发展的不二选择。

任何时候都需要培养接班人

联想，作为全球知名的科技公司，也深谙领导人才培养的重要性。联想在人才培养上，始终坚持“以人为本”的理念，致力于培养具有全球视野和领导力的优秀人才。

联想相信，优秀的领导者应该具备前瞻性的思维，能够洞察未来趋势，为公司制定长远的发展战略。同时，领导者还需要具备强大的执行力，能够将战略转化为具体的行动计划，并带领团队有效实施。此外，激励团队和推动创新也是联想对领导者的重要要求。

为了培养这样的领导者，联想建立了一套完善的领导人才培养体系。首先，联想通过内部选拔和外部招聘，吸引和培养具备领导潜力的优秀人才。然后，通过一系列的培训课程和实践机会，帮助这些人才不断提升领导力和管理能力。例如，联想的“青年领导力发展计划”就旨在为年轻领导者提供系统的培训和实践机会，帮助他们快速成长。

此外，联想还注重领导者的道德和职业操守。联想认为，一个优秀的领导者不仅要具备出色的业务能力，更要坚守道德底线，以身作则，为员工树立榜样。因此，联想在选拔和培养领导者时，始终把道德和职业操守作为重要的评价标准。

通过这样的领导人才培养体系，联想成功地培养出了一大批优秀的领导者。这些领导者不仅在各自的岗位上取得了卓越的业绩，更为联想的全球发展做出了重要贡献。

公司该怎样培养自己未来的领导者？首先，发掘那些具备成为领导者潜质的人，通过发展机会和培训给予他们关注。其次，提升培养对象的发展定位，使其高标准要求自己。再次，对那些可以领导组织走向未来的高级领导者的特征做一个界定，即建立领导力模型。最后，弥补培养对象的薄弱环节，最为重要的是让他们最大化地发挥优势。